Basiswissen Grundschule

Band 47

Praxisbuch technikorientierter Sachunterricht

Erfinden und Entdecken als kindorientierte Zugänge zur Technik

Von

Julia Menger

Schneider Verlag Hohengehren GmbH

Basiswissen Grundschule

Herausgegeben von:
Band 1 bis 18: Jürgen Bennack
Ab Band 19: Astrid Kaiser

Die Reihe „Basiswissen Grundschule“ ist einem schüler- und handlungsorientierten, offenen Unterricht verpflichtet, der auf die Stärkung einer selbstständigen, sozial verantwortlichen Schülerpersönlichkeit zielt.

Titelbild: Julia Menger

Illustratorin: Michelle Rother

Die Unterrichtsmaterialien finden Sie zum Download auf unserer Homepage www.paedagogik.de bei dem betreffenden Buchtitel.

Gedruckt auf umweltfreundlichem Papier (chlor- und säurefrei hergestellt).

Bibliografische Information der Deutschen Nationalbibliothek

Die Deutsche Nationalbibliothek verzeichnet diese Publikation in der Deutschen Nationalbibliografie; detaillierte bibliografische Daten sind im Internet über ›http://dnb.dnb.de‹ abrufbar.

ISBN 978-3-8340-2104-5

Schneider Verlag Hohengehren, Wilhelmstr. 13, 73666 Baltmannsweiler

Homepage: www.paedagogik.de

Printed in Germany – Druck: Format Druck, Stuttgart

Danke

Zahlreiche Menschen haben an so vielen Stellen mit ihrer Begeisterungsfähigkeit, Kreativität, Fachkompetenz und Verbindlichkeit maßgeblich zur Fertigstellung dieses Buches beigetragen.

Mein besonderer Dank gilt:

… meinem Vater Thomas Menger dafür, dass er die Geschichte von Opa Peer erzählt und das ganze Projekt kritisch konstruktiv begleitet hat.

… der Illustratorin Michelle Rother, die die Atmosphäre der Erzählung so wunderbar und mit so viel Liebe zum Detail ins Bild übertragen hat.

… meinen Beraterkindern Jorin und Ronja, die mit viel Begeisterung, aber auch kritischen Anmerkungen, alle Ideen vorab getestet haben.

… und Iris Weigt für die Abschlusskorrektur und die vielen konstruktiven Hinweise für den Feinschliff.

Vorwort: Neue kreative Ideen für technische Bildung

Astrid Kaiser

Technologien und technische Erfindungen durchziehen unseren Alltag, im Sachunterricht bleibt aber eine merkwürdige Distanz der Lehrpersonen, diese Fragen im Unterricht aufzugreifen.

Julia Menger zeigt in diesem Buch, dass technischer Sachunterricht keine dröge Angelegenheit ist. Schon die Sprachwahl verdeutlicht, dass sie in diesem Buch auf die Kinder zugegangen ist und sie in ihrem Denken abholt. So heißt das Kapitel zum Schwerpunkt Erfinden „Opa Peers Schnitzeljagd" oder zum Schwerpunkt Entdecken „Ein goldener Rahmen für unbeachtete Alltagshelfer". Die vorgeschlagenen Unterrichtsbeispiele sind nicht die üblichen Standardthemen, sondern eigenständig entwickelte, die in einen theoretischen Rahmen eingebunden sind. Der Autorin gelingt es, technischen Unterricht in einen spannenden Spielablauf zu transformieren, wie am Beispiel des zweiten Kapitels gut zu erkennen.

Alles wird mit Grafiken, Abbildungen und Schaubildern zusätzlich verdeutlicht. Besonders anschaulich ist ihre grafische Übersicht zu zentralen Prinzipien lernwirksamen Sachunterrichts gelungen.

Sie befürwortet Geschichten für das Lernen im Sachunterricht und stellt ein konkretes Geschichten-Beispiel vor. Damit erfüllt sie eine uralte Maxime für mädchengerechten naturwissenschaftlich-technischen Unterricht, nämlich die Einordnung in einen für die Lernenden sinnvollen Kontext. Nicht nur durch Erzählungen bringt sie Technikfragen an die Lebenswelt der Kinder heran. Das Buch könnte auch heißen „Kindgerechtes Techniklernen". Auch die Orientierung an Alltagsobjekten wie dem Eidotter-Abtrenner, Türstopper oder Sockenclip zeigt auf, wie die alte Forderung nach gendergerechtem naturwissenschaftlich-technischem Lernen mit Alltagsmaterial kreativ umgesetzt werden kann. Gleichzeitig erfüllen die Unterrichtsanregungen auch die Kriterien an guten Unterricht wie die strukturierten Ablaufpläne von der Analyse der „Gadgets aus der Technikbox" bis zur Präsentation belegen. Besonders gelungen ist die Adaption englischer Selbstreflexionsschritte für die Kinder, die sie etwa im „Plan für kluge Köpfe" anschaulich vorstellt.

Auch für Lehrpersonen, die selbst eine innere Distanz zu technischen Fragen haben, geben die Beispiele - wie das Modell eines Kugelschreibers – Mut, sie selbst zu probieren. Auch wenn alles leicht durchführbar dargestellt wird, ist der vorgeschlagene Unterricht keineswegs banal, sondern höchst anspruchsvoll und wird immer wieder an den selbst aufgestellten Qualitätskriterien gemessen.

Dieses Buch schließt die Lücke zwischen der Notwendigkeit technischer Grundbildung für alle und der emotionalen Technikdistanz vieler Lehrpersonen. Hier bekommen sie Anregungen und Mut, sich kompetent technischen Inhalten anzunähern.

Man spürt beim Lesen an jeder Zeile, dass dieses Buch nicht am Schreibtisch erfunden wurde, sondern sich aus langer Praxiserfahrung entwickelt hat. Gleichzeitig ist es theoretisch an allen wichtigen Diskursen wie dem zum inklusiven oder gendergerechten Sachunterricht orientiert. In den didaktischen Reflexionen wird immer wieder Bezug auf diese Schriften genommen, ohne dabei die Lesbarkeit zu beeinträchtigen.

Die lebendige einfache Sprache von Julia Menger trägt zusätzlich dazu bei, Lehrerinnen zu überzeugen, auch technische Inhalte in den Sachunterricht zu integrieren.

Es ist jeder Schule zu wünschen, dass dieses Buch dem Kollegium zur Verfügung steht und in kollegiumsinternen Fortbildungen Orientierung bietet.

Oldenburg, im Herbst 2020

1 Lernwirksamer technikorientierter Sachunterricht

Die Frage nach Bedingungs- und Einflussfaktoren für lernwirksamen Unterricht beschäftigt ForscherInnen, FachdidaktikerInnen und PraktikerInnen aller Fachdisziplinen. Dies belegt auch die enorm hohe Zahl an Publikationen zum Thema „Guter Unterricht“[1], die gleichzeitig auch die Fülle an Perspektiven, Annäherungen und Empfehlungen hierzu zeigt. Die verschiedenen Betrachtungsweisen hängen häufig mit der Konnotation des Wortes „gut“ zusammen. Wo es etwas Gutes gibt, muss es auch etwas Schlechtes geben. Schwarz-weiß-Malerei führt jedoch im Zusammenhang mit der Bewertung von Unterrichtsqualität zwangsläufig in eine Sackgasse: Projektunterricht kann nicht pauschal dem Frontalunterricht vorgezogen werden oder Gruppenarbeit der Stillarbeit. Das gesamte System „Lernen und Unterricht“ ist viel zu komplex, als dass man es auf die Auswahl eines Inhaltes, einer Unterrichts- oder Sozialform reduzieren könnte (vgl. Helmke 2017, 16; Gudjons 2011). Auch wenn der Diskurs kontrovers geführt wird und es keinen einheitlichen Konsens zu geben scheint, zeigen Befunde aus dem großen Feld der Studien zur Qualität und Lernwirksamkeit von Unterricht deutliche Einflussfaktoren, die fächerübergreifend relevant sind. Diese werden im Angebot-Nutzungs-Modell (vgl. Helmke 2017, 71f.) übersichtlich miteinander in Beziehung gesetzt (eine vereinfachte Darstellung zeigt Abbildung 1). Lehrpersonen und Lernende haben mit ihren persönlichen Eigenschaften und Kompetenzen gleichermaßen Einfluss auf die Wirksamkeit von Unterricht: Lehrende entwickeln ein Lehr-Lernangebot, das eine Lernaktivität bei den Lernenden auslösen soll. Wie wirkungsvoll diese Lernaktivität ist, hängt von vielen verschiedenen Faktoren ab: z.B. von Merkmalen des Unterrichts, Unterstützungsmaßnahmen durch die Lehrkraft, Lernpotenzial der Lernenden und dem Kontext, in dem das Lernen stattfindet.

Ziel dieses Buches kann es nicht sein, den kompletten Diskurs aufzuarbeiten und auf alle Einflussfaktoren in ihrer Komplexität einzugehen. Vielmehr soll der Fokus speziell auf den Unterricht gerichtet werden, da er das verbindende Element zwischen Lehrperson und lernendem Kind bildet und damit den Kern jeder Lernaktivität darstellt.

[1] Eine Abfrage bei Lehmanns Media (14.10.20) mit dem Stichwort „guter Unterricht“ ergab 761 Treffer.

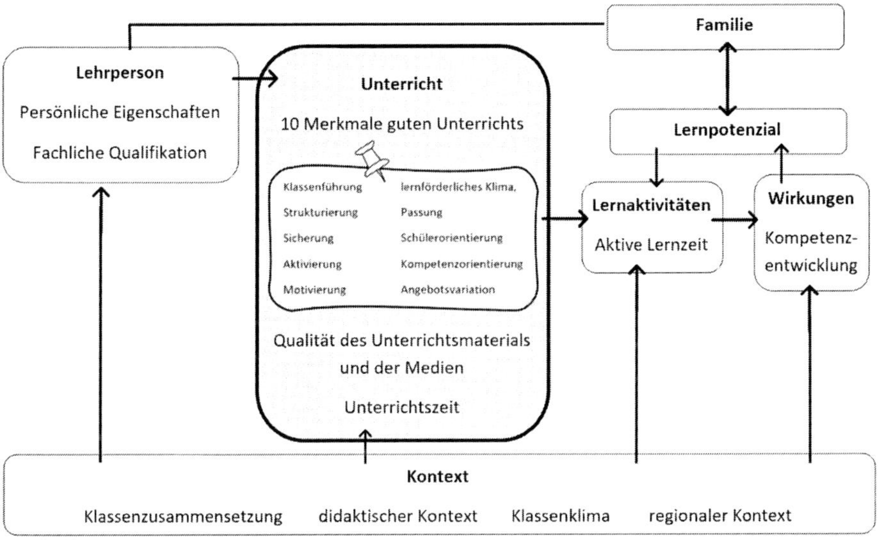

Abbildung 1: Vereinf. Darstellung des Angebot-Nutzungs-Modells (in Anl. an Helmke 2017, 71)

Es werden Ideen und Ansatzpunkte für einen Sachunterricht aufgezeigt, der sich an Prinzipien effektiven Lehrens und Lernens (vgl. Kap. 1.1) orientiert, um so einen Beitrag zur Weiterentwicklung des eigenen Unterrichts leisten zu können. Hierzu werden für jede Unterrichtsidee Strukturierungselemente des Unterrichts, Lernchancen und ausgewähltes Unterrichtsmaterial vorgestellt, darüber hinaus der fachdidaktische Kontext als Orientierungshilfe für die Lehrkraft aufgespannt. So soll eine Grundlage für die eigene produktive Weiterarbeit mit dem Material entstehen. Verzichtet wird auf fertige Unterrichtsplanungen mit vollständigen Kopiervorlagensammlungen, da dies den Eindruck erwecken könnte, mit den Vorschlägen eine gelingsichere Anleitung für lernwirksamen Sachunterricht geben zu können.

1.1 Zentrale Prinzipien für lernwirksamen Sachunterricht

„Die *besondere Aufgabe des Sachunterrichts* [Hervorhebung im Original, JM] besteht darin, Schülerinnen und Schüler darin zu unterstützen, ihre natürliche, kulturelle, soziale und technische Umwelt sachbezogen zu verstehen, sie sich auf dieser Grundlage bildungswirksam zu erschließen und sich darin zu orientieren, mitzuwirken und zu handeln“ (GDSU 2013, 9). Im Zentrum dieses oft zitierten Bildungsauftrages des Sachunterricht steht das *Verstehen*, dem eine klärende Auseinandersetzung mit der Welt voraus geht (vgl. Köhnlein 2001). Die Suche nach Erklärungen, Sinnbezügen und Begründungen ist zunächst ein individueller, innerer Prozess. Verstehen kann jedoch nicht auf das

einzelne Kind beschränkt bleiben, denn subjektiv konstruierte Deutungen müssen sich auch im Umgang mit anderen Menschen als zuverlässig und belastbar erweisen (vgl. Kahlert & Inckemann 2001, 14). Im Gespräch können die individuellen Erfahrungen und die (neu gewonnenen) Wissensstrukturen eines jeden Kindes reflektiert und ausdifferenziert, unterschiedliche Sichtweisen auf die Welt ausgehandelt und Widersprüche aufgedeckt werden. Da die Lebenswelt von Systemen wie Wissenschaft, Wirtschaft oder Politik beeinflusst wird (vgl. Richter 2009, 19), ist durch das Prinzip des Lebensweltbezugs der Weg für vielperspektivische Betrachtungen im Sachunterricht bereits vorgezeichnet.
Allein dieser verkürzte Blick auf den Bildungsauftrag des Sachunterrichts verdeutlicht das Spannungsfeld, in dem sich der Unterricht bewegt. Aus jeder ersten Unterrichtsidee entwickelt sich durch die Vernetzung der Grundpfeiler Kind, Sache und Welt ein Lehr- Lernangebot, das die Lerngruppe motiviert, aktiviert und in einen Austausch bringt, um eine belastbare Basis für weiterführendes Lernen zu legen.

Ausgehend von dieser *Trias aus Kind, Sache und Welt* lassen sich wesentliche Prinzipien lernwirksamen Sachunterrichts entwickeln (Abbildung 2), die auf fächerübergreifenden Kriterien guten Unterrichts (vgl. Helmke 2017) sowie auf zentraler sachunterrichtsdidaktischer Literatur[2] basieren.

[2] Im Speziellen wurde hierfür neben dem Perspektivrahmen Sachunterricht (GDSU 2013) die folgende fachdidaktische Einführungsliteratur verwendet: Hartinger & Lange-Schubert 2019, Kahlert 2016, Kahlert et al. 2015, Kaiser 2017 und Richter 2009.

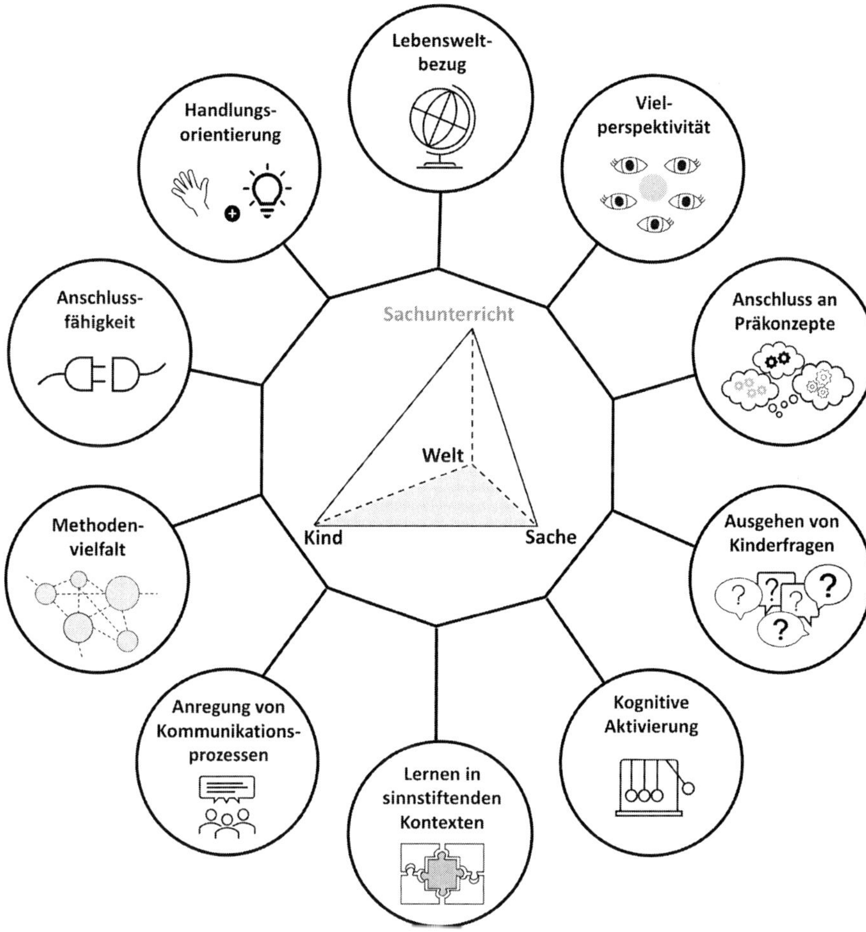

Abbildung 2: Zentrale Prinzipien für lernwirksamen Sachunterricht

Ausgangspunkt aller sachunterrichtlicher Lernprozesse ist die Lebenswelt der Kinder (vgl. GDSU 2013, 10). Diese Prämisse führt zu einem schülerorientierten Unterricht, der an Erfahrungen, Interessen und Vorwissen der Kinder anknüpft, diese strukturiert und weiterentwickelt (vgl. Nießeler 2015, 28). Dabei spiegeln offene, problemhaltige Lernkontexte die Komplexität der Lebenswelt wider und eröffnen verschiedene Perspektiven auf einen gemeinsamen Lerngegenstand. Einer eindimensionalen Betrachtung, z.B. durch einen engen fachlichen Blickwinkel, wird so entgegengewirkt. Der Unterrichtsgegenstand bleibt in seiner Komplexität erhalten und sein volles Bildungspotenzial kann entfaltet werden (vgl. Kahlert 2019, 215f.). Vielperspektivität als zentrales Prinzip lernwirksamen Sachunterrichts zeigt sich also in zweifacher Hinsicht: (1) Vielperspektivität in Bezug auf die Kinder, die sich mit

unterschiedlichen Lernvoraussetzungen, auf unterschiedlichem Niveau und mit unterschiedlichen Zugangsweisen einem Lerngegenstand nähern und (2) Vielperspektivität in Bezug auf die fachliche Interdisziplinarität, die eine Vernetzung verschiedener Fachperspektiven ermöglicht und so Inhalte bildungswirksam werden lässt. Lernwirksamer Sachunterricht darf bei aller Anpassung an heterogene Lernvoraussetzungen die Fachlichkeit nicht aus dem Blick verlieren. Diese sichert die Anschlussfähigkeit an die Fachstrukturen der Einzelfächer (in Inhalt und fachspezifischen Arbeitsweisen) und trägt zu einer anspruchsvollen, verstehensorientierten Auseinandersetzung mit der Lebenswelt bei (vgl. GDSU 2013, 10; Kahlert 2019, 216).
Herausfordernde Aufgabenstellungen, die vielfältige Kommunikationsprozesse anregen und in Alltagskontexte eingebettet sind, können Kinder in besonderer Weise kognitiv aktivieren (vgl. Kleickmann 2012, 7). Handlungsorientierter Unterricht unterstützt dies, sofern er sich nicht auf die bloße äußere Aktivität beschränkt. Er muss um geeignete Maßnahmen zur Anregung anspruchsvoller Denkprozesse (z.B. schlussfolgern, vergleichen, erklären) erweitert werden (vgl. Einsiedler 2015, 391). Durch einen hohen Anteil eigener Sprachaktivität wird das individuell Erkannte schrittweise zum intersubjektiven Denken entwickelt und damit tragfähig (vgl. Kaiser 2017, 246ff.). Dies stellt an Sachunterrichtslehrkräfte besondere Ansprüche. Sie aktivieren durch geeignete Impulse das Vorwissen und die Vorerfahrungen, regen während der aktiven Auseinandersetzung ein strukturiertes und zielorientiertes Vorgehen an und motivieren die Kinder dazu, selbstständig die Gültigkeit ihrer Ideen oder Lösungsvorschläge in Gesprächen zu überprüfen. Inhaltlich sind Unterrichtsgespräche ein wichtiges strukturgebendes Element, da durch eine kompetente Gesprächsführung der Lehrkraft Ergebnisse im Gespräch gesichert, neu strukturiert oder auf andere Kontexte übertragen werden können. Positive Effekte auf das Lernen und die Lernmotivation haben in diesem Zusammenhang Scaffolding-Maßnahmen. Der Lehrkraft wird die Funktion des „Gerüstbauers" zugesprochen, d.h. sie setzt dosiert Materialien ein oder beteiligt sich strukturierend an Gesprächen, statt sich völlig zurück zu nehmen (Kaiser, 1997b; Becher, Miller, Oldenburg, Pech & Schomaker, 2013; Menger 2020, 139).

Die zehn Prinzipien (Abbildung 2) gelten als Leitlinien für die in Kapitel 2 und 3 vorgestellten Unterrichtsideen. Dabei werden nicht immer alle zehn gleichermaßen berücksichtigt. Jeweils zu Beginn des Kapitels finden sich die

Prinzipien, die für die Unterrichtsidee von besonderer Relevanz sind. Sie werden in den weiteren Ausführungen in Bezug auf den jeweiligen inhaltlichen Schwerpunkt fachdidaktisch konkretisiert.

1.2 Erfinden, Entdecken und Reflektieren als Zugänge zur Technik

(1) Allgemeine Grundlagen technischer Bildung

Seit der industriellen Revolution zeigen sich die Auswirkungen technischer Entwicklungen auf Wissenschaft, Wirtschaft, Gesellschaft und Politik deutlich. Jede technische Errungenschaft ist vom Menschen hervorgebracht, um gesellschaftliche und individuelle Bedürfnisse befriedigen zu können (vgl. Graube 2016a, 73). Diese Zweck- oder Finalorientierung bringt technische Innovationen hervor, die mit Verbesserungen von Lebensperspektiven und -bedingungen vieler Menschen durch Automatisierung, Kommunikations- und Informationstechnologien oder Medizintechnik einhergehen. Menschen müssen allerdings auch die Konsequenzen der technischen Entwicklung verantworten, die mit Einschränkungen, Verlusten und Gefahren verbunden sein können: Gesundheitsgefahren, soziale und kulturelle Folgen (z.B. durch die Überwachung des Nutzerverhaltens im Internet) oder die Abhängigkeit von Technik (vgl. Grunwald 2016, 30f.). Zum technischen Wandel gehört daher die Beschäftigung mit unerwünschten Nebeneffekten untrennbar dazu, um im besten Falle ein Frühwarnsystem entwickeln zu können, mit dem rechtzeitig steuernd eingegriffen werden kann (vgl. ebd.). Innergesellschaftlich führt das Abwägen von Chancen und Risiken technischer Entwicklungen unweigerlich zu Konflikten bei ethischen, ökonomischen oder ökologischen Fragen, die von verschiedenen Akteuren (z.B. Nutzer oder Produzenten) unterschiedlich bewertet werden.

Die zunehmende Geschwindigkeit technischer und damit gesellschaftlicher Veränderungen macht technische Grundbildung zu einer gesamtgesellschaftlichen Aufgabe. Technikmündigkeit als übergeordnetes Ziel impliziert ein grundlegendes Verständnis der Zusammenhänge zwischen Technik und Gesellschaft sowie von Stärken und Schwächen gesellschaftsrelevanter Technologien (vgl. Pfenning & Renn 2016, 134). Technikmündigkeit ist notwendige Voraussetzung, um verantwortungsvoll an der technisierten Gesellschaft teilnehmen, sie mitgestalten und mit den oben beschriebenen Ambivalenzen umgehen zu können (vgl. Graube 2016b, 111). Technische Bildung soll also dazu befähigen, die implizierten Interessens- und Zielkonflikte erkennen und verstehen, Handlungsoptionen entwickeln und diese reflektiert nutzen zu können (vgl. Binder 2020, 22). Dies kann gelingen, wenn sich Fragestellungen in den drei Dimensionen der Technik (vgl. Ropohl 2009, 32f.; Binder 2020, 41) entfalten:

(1) Humane Dimension
Technik ist vom Menschen gemacht und unterscheidet sich somit von den Naturwissenschaften.
Zugeordnete Betrachtungsweisen: ästhetische, ethische, psychologische, physiologische und anthropologische

(2) Soziale Dimension
Technik entsteht in gesellschaftlich organisierten Lebenssituationen (ohne Kommunikationsbedürfnis gäbe es weder Stifte noch Telefone).
Zugeordnete Betrachtungsweisen: politologische, soziologische, ökonomische, historische, juristische, philosophische

(3) Naturale Dimension
Technik ist aus Stoffen gemacht, die physikalischen und chemischen Wirkstrukturen unterliegen.
Zugeordnete Betrachtungsweisen: ingenieurwissenschaftliche, chemische, biologische, physikalische, ökologische

Technischen Fragestellungen lassen sich selten aus einer einzelfachlichen Perspektive erschließen. Technik ist auf eine perspektivvernetzende Betrachtungsweise angewiesen, woraus sich ein besonderes Lernpotenzial für technikorientiertes Lernen im Sachunterricht ergibt.

(2) Wege der Erkenntnisgewinnung im technikorientierten Sachunterricht
Technische Bildungsprozesse brauchen technische Handlungsmöglichkeiten. Ein theoretisch-kognitiv ausgerichteter Unterricht *über* Technik bleibt zu eindimensional, da Technik nicht nur aus Sachsystemen und genormten Konstruktions- und Fertigungsverfahren besteht (vgl. Binder 2020, 21f.). Es braucht strukturierte Erfahrungen, die die Zusammenhänge zwischen dem Einzelnen, den zur Verfügung stehenden Mitteln und den Folgen des technischen Handelns erlebbar machen (vgl. Binder 2020, 21). Prozesse des

Entscheidens, Gestaltens und Bewertens können aus zwei Blickrichtungen initiiert werden (vgl. Graube 2013, 27):

a) durch das *Erfinden* von Technik (mit Blick auf die Gestaltung von Welt)
b) durch das *Entdecken* von Technik (mit Blick auf die gestaltete Welt)

Für beide Zugangsweisen sind Reflexions- und Bewertungsprozesse von besonderer Bedeutung. Der kritische Blick auf einen technischen Gegenstand oder ein technisches System erfordert eine innere Distanzierung und ein regelgeleitetes Vorgehen. Durch Analyse, Optimierung oder Bewertung können Kinder verstehen, dass Technik vom Menschen gemacht und durch ihn veränderbar ist (vgl. Mammes & Zolg 2015, 145). Diese Einsicht ist besonders in Bezug auf die eigene Persönlichkeitsentwicklung relevant. Kinder erleben sich selbst durch den handelnden, kreativen und analysierenden Umgang mit Technik als technisch-produktive Persönlichkeiten, was eine positive Grundhaltung gegenüber technischen Fragestellungen begünstigen kann. Das Erfinden als kreativ-gestaltender Zugang zu Technik entspricht dem schöpferischen Verlangen, das jedem Menschen innewohnt (vgl. Blümer 2019, 6). Es gehört zu den Grundbedürfnissen und ist eine zentrale Ausdrucksform, die den geistigen Fähigkeiten praktische Anwendungsmöglichkeiten eröffnet (vgl. ebd.). Da Handlungen in Verbindung mit Elementen kognitiver Aktivierung ein zentrales Moment für alle Lern- und Entwicklungsprozesse im Sachunterricht darstellen, hat technikorientierter Sachunterricht die besten Voraussetzungen, kindorientiert und lernwirksam gestaltet zu werden.

Abschließend lässt sich feststellen, dass technische Bildung ist in besonderer Weise anschlussfähig ist an die oben formulierten Prinzipien lernwirksamen Sachunterrichts. Vielperspektivität, Lebensweltbezug, Handlungsorientierung, Anschlussfähigkeit und die Anregung vielfältiger Kommunikationsprozesse sind nur ausgewählte Beispiele für Prinzipien, die durch die drei Dimensionen von Technik und ihren Zugangsweisen Erfinden, Entdecken und Reflektieren erfüllt werden können. Technische Grundbildung sollte daher in der Praxis des Sachunterricht noch stärker verankert werden. Die für Kinder hohe Attraktivität kreativer Zugänge kann dann dazu genutzt werden, positive Begegnungen mit Technik zu ermöglichen, die die Begeisterung in der Auseinandersetzung und die Identifikation mit Technik aufgreifen und fördern (vgl. Blümer 2019, 7). Das ist vor allem vor dem Hintergrund geschlechtsspezifischer Einstellungen und Haltungen zur Technik von besonderer Bedeutung. Häufig entwickeln Mädchen im Laufe der Grundschulzeit die Haltung, Technik nicht verstehen zu können und für technische Fragen nicht zuständig zu sein (vgl. Mammes 2001; Adenstedt 2018). Dem kann durch handlungsintensive Zugänge entgegengewirkt werden. Die Entwicklung, Anwendung und Analyse von Technik im Sachunterricht kann Interessen fördern und ein positives Selbstkonzept in Bezug auf Technik von Jungen *und* Mädchen stärken.

Die folgenden beiden Unterrichtsideen setzen genau an dieser Stelle an und zeigen beispielhaft, dass technikorientierter Sachunterricht mit den Schwerpunkten Erfinden und Entdecken wichtige Prinzipien lernwirksamen Unterrichts berücksichtigt, mit den Kindern gemeinsam gestaltet werden und Spaß machen kann.

2 Erfinden - Opa Peers Schnitzeljagd

Die Unterrichtsidee „Opa Peers Schnitzeljagd“ verbindet Ansätze narrativen Sachunterrichts mit dem „Erfinden“ als zentrale Methode der technischen Bildung. Diese Kombination führt zu einer sehr offenen Unterrichtsstruktur, die zahlreiche Differenzierungsmöglichkeiten eröffnet. Dabei sind Anpassungen an unterschiedliche Lernausgangslagen und kognitive Kompetenzen zu jederzeit mitgedacht, so dass diese Unterrichtsidee in besonderer Weise der Heterogenität von Lerngruppen in der Grundschule entspricht.

2.1 Fachdidaktische Grundlagen

Auch wenn im Zusammenhang mit der Inklusionsdebatte der Umgang mit Heterogenität im Unterricht stärker in den Fokus vieler Lehrkräfte und FachdidaktikerInnen gerückt ist, war es doch schon von jeher ein großes Anliegen vieler Grundschullehrkräfte, *alle* Kinder mit ihren unterschiedlichen Interessen, Kompetenzen, Einstellungen und Vorerfahrungen gleichermaßen zu fördern. Die Balance zwischen Individualisierung und Gemeinsamkeit mit dem Wunsch nach Differenzierungsmöglichkeiten ohne Isolation einzelner SchülerInnen führt zur Öffnung des Unterrichts, indem selbstdifferenzierende Aufgabenstellungen das gemeinsame Lernen an einer Sache ermöglichen (vgl. Seitz 2013, 209ff.). So eine gemeinsame Sache kann durch den reflektierten Einsatz einer Geschichte entstehen. Dabei geht es nicht um eine schöne, kindgerechte Verpackung, die nach dem Einstieg in die Thematik für den weiteren Unterrichts nutzlos ist. Vielmehr wird ein komplexer Sachzusammenhang in einen Kontext eingebettet, der als Klammer den gesamten Lernprozess strukturiert, ohne einengend zu sein (vgl. Schomaker 2012). Eine solche Geschichte steht im Zentrum der Unterrichtsidee rund um Opa Peers Schnitzeljagd. Rätselhafte Reime führen zu vier Problemstellungen, die von den Kindern kreativ gelöst werden sollen. Die Aufgaben sind so gewählt, dass sie zum einen Grundkompetenzen aus dem Bereich der technischen Bildung fördern (z.B. Konstruktionen planen, umsetzen und bewerten), zum anderen vielfältige Lösungsmöglichkeiten und Lernwege zulassen und somit individuelle Lernprozesse und sachbezogene Kommunikation initiieren. Damit das Potenzial der Geschichte voll ausgeschöpft werden kann, begleitet sie den gesamten Lernprozess und wird von den SchülerInnen auch selbst fortgesetzt. Die eigenen Lösungskonstruktionen werden Teil der Geschichte, es entsteht eine eigene Klassengeschichte. Sprachbildung, technisches Erfinden und bedeutungsvolle Kontexte werden miteinander verwoben und eröffnen vielfältige Lernchancen. Diese werden im Folgenden aus drei Strängen der fachdidaktischen Diskurse zusammengeführt: (1) Geschichten und Erzählungen im Sachunterricht, (2) das Erfinden im problemorientierten Sachunterricht und (3) das Konstruieren mit Alltagsmaterialien. Daran schließt sich die Darstellung des Unterrichtskonzeptes und der Unterrichtsmaterialien an, die fachdidaktisch erläutert und mit Beispielen aus der Unterrichtspraxis veranschaulicht werden.

2.1.1 Geschichten im Sachunterricht

Die meisten Kinder lieben Geschichten, tauchen so in fremde Welten ein, entspannen und lassen ihrer Fantasie freien Lauf. Geschichten schaffen Identifikationsmöglichkeiten, sprechen Gefühle und Meinungen der Kinder an (vgl. Kaiser 1997a, 9), aktivieren Vorstellungen, eigene Erfahrungen und Emotionen (vgl. Kahlert 2005, 214). Da es für lernwirksamen Sachunterricht unerlässlich ist, an den Vorstellungen und Erfahrungen der Kinder anzuknüpfen (vgl. Kahlert 2005, 209f.) und vielfältige Lernwege zu eröffnen, liegt es nahe, Geschichten in den Sachunterricht zu integrieren und auf diese Weise Lernprozesse von Kindern zu unterstützen. Aus der Reformpädagogik kommend wurden Sachunterrichtserzählungen in der Vergangenheit sehr unterschiedlich eingesetzt. Die ersten Erzählungen dienten vor allem der Veranschaulichung des Alltags. Spannend und lebendig mit versteckten Sachinformationen erzählt schufen diese Sacherzählungen die Verbindung von Sachvermittlung und emotionalen Zugangsweisen (vgl. Kaiser 2008, 111ff.). Durch behavioristische Lerntheorien und eine starke Wissenschaftsorientierung im Sachunterricht gerieten Geschichten im schulischen Kontext zeitweise stark in die Kritik. Das aktive Handeln durch Unterricht mit Geschichten vernachlässigt (vgl. Schekatz-Schopmeier 2010, 21f.), die Inhalte würden primitiv dargestellt und Kinder infantilisiert (vgl. Kahlert 2005, 213). Ganz verschwanden Geschichten jedoch nie aus dem sachunterrichtsdidaktischen Diskurs. So hat Kaiser (1997a und 2008) immer wieder auf das Potenzial der Sachunterrichtserzählungen hingewiesen und zahlreiche Geschichten für den Sachunterricht veröffentlicht. Diese dienen als Anregung zu Gesprächen und Diskussionen oder als Einstieg in eine Unterrichtseinheit (Kaiser 1997a, 13). Auch Lück (2006 und 2018) beschäftigt sich intensiv mit Geschichten im Sachunterricht und legt dabei den Schwerpunkt auf das mündliche Erzählen (im Gegensatz zum Vorlesen), um Kinder an Phänomene der unbelebten Natur heranzuführen. Durch Blickkontakt, Stimmmodulation und eine intensive Mimik und Gestik, entsteht eine besondere Beziehung zwischen Erzähler und Kind, wodurch bildliche Vorstellungen angeregt werden und die Phantasie gefordert wird (vgl. Lück 2006, 21). Das von Lück entwickelte Programm „Experimentierfreunde" (Lück 2007) bietet zahlreiche Geschichten rund um die beiden Ameisen Fred und Paul an, die Kinder der Eingangsphase an naturwissenschaftliche Fragestellung heranführen sollen, die sie dann durch gezielte Forscheraufträge beantworten können.

Erzählungen werden aktuell wieder häufiger ins Zentrum sachunterrichtlicher Lernprozesse gestellt. Ein Blick in Fachzeitschriften und auf Internetseiten verschiedener Verlage zeigt, dass die Erzählungen in den jeweiligen Unterrichtkonzepten oder -vorschlägen mit sehr unterschiedlichen Zielen eingesetzt werden. Die folgende Auswahl verschafft hier einen kurzen Einblick und ermöglich, die in Kapitel 2.2 vorgestellte Unterrichtsidee besser einordnen zu können:

(1) Vinus erforscht die Welt (Cornelsen Experimenta 2019[3])

Ähnlich wie „Forschen mit Fred" enthält das Unterrichtskonzept Rahmengeschichten zum Vorlesen rund um den Außerirdischen Vinus, der mit seinen Freunden Lili und Ben die Welt kennenlernt. Durch die bedeutungsvollen Kontexte und die Identifikationsmöglichkeiten mit den Protagonisten sollen Vorerfahrungen aktiviert und die SchülerInnen zum Forschen motiviert werden, um sie so an naturwissenschaftliche Phänomene und Fragen heranzuführen. Zu einem Thema (z.B. Wasser) gibt es verschiedene Episoden. Die Anfangserzählung einer jeden Episode führt zu einem Versuch, der von den SchülerInnen nach Anleitung umgesetzt und protokolliert wird. Zur Unterstützung eines sprachsensiblen Unterrichts enthält das Programm zusätzliche Sprachlernkarten mit wichtigen (Fach-)Begriffen. Jede Episode deckt inhaltlich einen anderen Bereich des Schwerpunktthemas ab (z.B. Schwimmen und Sinken, Wellen, Wasserlöslichkeit von Stoffen), so dass es zwischen den Versuchen keine inhaltlichen Zusammenhänge gibt.

[3] https://cornelsen-experimenta.de

(2) Das große Rennen (Schomaker 2018a)

Das Forscherbuch „Das große Rennen“ erzählt von fünf Kindern, die eine Seifenkiste für ein Rennen bauen möchten. Nachdem sie sich die Bauteile vom Schrottplatz besorgt haben, bauen sie ihre Seifenkiste und machen eine Testfahrt, bei der die Vorderachse bricht. In der Werkstatt eines Vaters reparieren sie gemeinsam die Seifenkiste und nehmen schließlich an dem Rennen teil. An drei Stellen wird die Handlung unterbrochen und die SchülerInnen werden direkt dazu aufgefordert, sich mit zentralen Fragen der Handlung auseinanderzusetzen (z.B. Wie können wir die Bauteile so markieren, dass wir wissen, wofür wir sie verwenden sollen?). Es sollen Ideen zur Lösung des aufgeworfenen Problems entwickelt und diskutiert und so eine systematische handelnde Auseinandersetzung mit dem Bau einer Seifenkiste unterstützt werden. Anders als bei „Vinus erforscht die Welt“ ist die Geschichte so angelegt, dass sie nur *eine* Kernfrage ins Zentrum stellt (Wie baut man eine fahrbare Seifenkiste?), alle anderen Schwerpunkte der Unterrichtseinheit und der Erzählung ergeben sich aus dieser leitenden Fragestellung. Somit ist für die SchülerInnen das Ziel der Erzählung und des Unterrichts von Anfang an transparent, eine fahrbare Seifenkiste soll entstehen. Das Buch begleitet die SchülerInnen über die gesamte Unterrichtseinheit hinweg, schafft bedeutungsvolle Kontexte und Identifikationsmöglichkeiten, die sie in ihrem Lernprozess an verschiedenen Stellen auf verschiedenen Ebenen unterstützen.

(3) Das Abenteuer-Forschercamp (Tielmann & Parciak 2020)

Mehrere Kindergruppen nehmen an einem Abenteuer-Forschercamp teil und müssen dort verschiedene Konstruktionsaufgaben lösen, z.B. den Bau eines Schattenmonsters, eines stabilen Turms, einer Brücke oder eines Instrumentes. Anders als bei den anderen beiden Unterrichtsvorschlägen wird die Geschichte hier nicht vorgelesen oder erzählt. Da es sich um ein MINT-Erstlesebuch handelt, soll die Geschichte von den Kindern selbst gelesen werden. Die Verknüpfung von Sachunterricht, Sprache und Lesenlernen wird hier ins Zentrum gestellt. Jedes Kapitel endet mit einer „Mach mit“- Seite, die SchülerInnen zur eigenen Konstruktion ermutigen soll. Die Protagonisten im Forschercamp können dabei Vorbildfunktionen einnehmen und die SchülerInnen bei der Entwicklung von Lösungsideen unterstützen. Die Rahmengeschichte dient hier in erster Linie der Motivation und der Eröffnung vielfältiger Gesprächsanlässe.

Im Zusammenhang mit Geschichten im Sachunterricht finden sich auch zahlreiche Materialien für den Einsatzes eines Erzähltheaters (Kamishibai). Auch wenn es einige Bildkartensätze gibt, die zum Erzählen im Sachunterricht vorgesehen sind (z.B. Marcus Pfister: Der Regenbogenfisch, zum sozialen Lernen), wird es in den meisten Unterrichtsideen für den Sachunterricht als Präsentationsmedium eingesetzt (Peters 2019; Blumensath & Wenzel 2016). Es kann jedoch eine wertvolle Unterstützung beim Erzählen von Geschichten im Sachunterricht sein und sollte daher hier nicht unerwähnt bleiben.

Bereits diese kurze Zusammenstellung zeigt, auf welch vielfältige Arten und Weisen Geschichten in den Sachunterricht integriert werden können. Ihr besonderes Potenzial wird jedoch in allen drei Ansätzen deutlich: Geschichten schaffen Identifikationsmöglichkeiten, aktivieren Vorstellungen und können den Lernprozess so strukturieren, dass das Sachlernen für die Kinder in einen bedeutungsvollen Kontext eingebettet ist. Das ist vor allem dann besonders gewinnbringend, wenn der Lebensweltbezug für die Kinder nicht offensichtlich ist. Damit dieses Potenzial ausgeschöpft werden kann, sollte eine Geschichte bestimmte Merkmale erfüllen und didaktisch reflektiert in den Sachunterricht eingebettet sein. Tabelle 1 bündelt Merkmale, die in der Fachdidaktik Sachunterricht diskutiert werden (vgl. Kaiser 2008, 114; Kahlert 2005, 218ff.; Schekatz-Schopmeier 2010, 124ff.; Lück 2018, 128ff.; Lück 2006, 21) und leitet Konsequenzen für die Unterrichtspraxis ab.

Tabelle 1: Potenziale und Merkmale von Geschichten für lernwirksamen Sachunterricht

	Potenzial von Geschichten für den Sachunterricht	**Merkmale geeigneter Geschichten und ihre Einbettung in den Sachunterricht**
Potenzial für die Klasse	Geschichten können konzentrierend, entschleunigend und gemeinschaftsfördernd wirken.	Die Geschichte sollte in einer angemessenen Atmosphäre erzählt, vorgetragen oder vorgelesen werden (z.B. im Sitzkreis). Das **Gemeinschaftsgefühl** wird auch dann in besonderer Weise gestärkt, wenn die Kinder gemeinsam kreativ an der Geschichte arbeiten. Das kann erreicht werden, wenn es Möglichkeiten gibt, den Protagonisten „zu helfen" oder ihre Ideen nachempfinden zu können.
Potenzial für die Gestaltung von Sachlernprozessen	Geschichten können eine Verbindung zur Lebenswelt schaffen und damit zur Lebenswelterschließung beitragen.	Es ist wichtig, dass der Erzählkontext zur **Lebenswelt** der Kinder passt. Dabei sollte man genau hinschauen und nicht nur die fachliche Perspektive im Blick behalten. Nur weil es fachlich einen Zusammenhang zwischen zwei Phänomenen gibt, liegt die Verbindung für die Kinder nicht automatisch auf der Hand. Ein beliebter Versuch ist das Aufblasen eines Ballons, indem Essig und Backpulver miteinander reagieren und Kohlendioxid bilden. Oft soll dieser Versuch veranschaulichen, warum ein Kuchen mit Backpulver lockerer wird als ohne. Aus fachwissenschaftlicher Perspektive mag das passend und korrekt sein, doch viele Kinder werden sich fragen, wer seinen Kuchen mit Essig backt.
	Geschichten können Themen in vielfältigen Aspekten und Zugängen eröffnen.	Die Geschichte sollte sich durch **Offenheit** auszeichnen und nicht zu kleinschrittig erzählt werden, damit sich die Kinder auf vielfältigen Wegen dem Thema nähern können. So ergeben sich vielfältige inhaltliche Bezüge und natürliche Differenzierungsmöglichkeiten.
	Geschichten verbinden affektive, ästhetische und kognitive Zugangsweisen, so dass eine differenzierte Sacherschließung möglich wird.	Geschichten, die Kinder emotional bewegen, die **Identifikationsmöglichkeiten** mit den Protagonisten schaffen, frei von Klischees und Stereotypen sind und einen komplexen inhaltlichen Schwerpunkt haben, sind besonders für heterogene Lerngruppen geeignet.
	Geschichten können die Sprachentwicklung fördern.	Die Geschichte sollte so offen gestaltet sein, dass sie immer wieder **Kommunikationsanlässe** anbietet. Sie sind für das Erkennen und Verstehen von Zusammenhängen unabdingbar. Auch das Weitererzählen einer Geschichte durch die Kinder fördert die Sprachentwicklung und die Ausdrucksfähigkeit.

Potenzial zur Nachhaltigkeit des Lernens	Geschichten können die Erinnerungsfähigkeit fördern und ein nachhaltigeres Interesse an der Sache ermöglichen.	Geschichten sollten die **Vorstellungen** und das Vorwissen der Kinder gezielt stimulieren und sie dazu motivieren, sich darüber auszutauschen. Neu zu lernende Inhalte sollten auch durch die Geschichte rückgebunden werden, damit die Erkenntnisse flexibel anwendbar werden. Anlässe für Erinnerungen ergeben sich ebenfalls, wenn Kinder den Ereignissen der Geschichte oder Elementen des eigenen produktiven Umgangs damit im Alltag begegnen.
	Geschichten können erworbene Kompetenzen durch Anwendung sichern.	Wenn Kinder ihre Arbeitsergebnisse in eine Geschichte einbringen können, werden diese in ein umfangreiches **Netzwerk** an Ideen und Denkweisen eingebunden, wodurch Wissen nachhaltiger gespeichert werden kann. Es ist also sinnvoll, dass die Geschichte nicht nur zum Einstieg in ein Thema genutzt wird, sondern die Einheit durchgängig begleitet.

Geschichten können den Sachunterricht in besonderer Weise beleben, wenn sie didaktisch reflektiert ausgewählt und in den Unterricht eingebettet werden. Sie schaffen durch ihre Offenheit vielfältige Differenzierungsmöglichkeiten, ohne dass Lehrkräfte für jedes Kind individuell denken und planen müssen. Geschichten können einen inhaltlich komplexen Rahmen für *alle* Kinder einer Lerngruppe bieten und vielfältige Perspektiven und Lernwege eröffnen. Kindliche und fachwissenschaftliche Zugänge zur Welt werden so in ein ausgewogenes Verhältnis gebracht, was eine wichtige Voraussetzung für lernwirksamen Sachunterricht ist (vgl. Menger *in Druck*).

2.1.2 Erfinden im problemorientierten Sachunterricht

Die Bereitschaft, sich mit Problemen auseinanderzusetzen, und die Entwicklung von Problemlösefähigkeiten gelten als Schlüsselkompetenzen in der aktuellen Didaktik des Sachunterrichts (vgl. GDSU 2013, 22ff.; Beinbrech 2015, 398). Der fachdidaktische Diskurs zum problemorientierten Sachunterricht wird entsprechend breit, z.T. auch heterogen, geführt. Dennoch können aus den zahlreichen methodischen Überlegungen konkrete Rahmenbedingungen für die Gestaltung problemorientierten Sachunterrichts herausgefiltert werden, die unmittelbar mit der Problemstellung als strukturgebendes Element verbunden sind (vgl. Beinbrech 2015, 400): Das Problem sollte *authentisch* und für die Lernenden relevant sein, im Idealfall wird es von ihnen selbst in den Unterricht eingebracht. So steht das Problem in einem *bedeutungsvollen Kontext*, was die Lernenden zur Problemlösung motiviert und die Erkenntnisse nutzbar macht. Zeichnet sich das Problem zusätzlich durch *Exemplarität* aus, so können Erkenntnisse und Kompetenzen auf andere Kontexte übertragen werden.

Bezogen auf die Phasen des Unterrichts sollte die Problemstellung nicht auf einen motivierenden Einstieg reduziert werden, sondern den gesamten Lernprozess begleiten und strukturieren. An die kreativen Prozesse während der Problemlösung schließen sich dann die Erprobung, Anwendung, Optimierung und Bewertung der Ergebnisse an (vgl. Mammes & Tuncsoy 2013, 13; Beinbrech 2019, 129). Problemlösegespräche, die Präsentation von Zwischenständen und Lösungen sowie Reflexionsgespräche auf Metaebene fördern das Nachdenken, strukturieren Erkenntnisse und steuern kindliche Lernprozesse.

Ein so ausgerichteter Sachunterricht profitiert in besonderer Weise von einer heterogenen Lerngruppe und entspricht daher den Anforderungen an inklusiven Sachunterricht. Ist das Problem hinreichend komplex, inhaltlich klar und präzise formuliert, so bildet es eine gemeinsame Basis für ganz individuelle Lösungs- und Lernwege. In Auswertungs- und Reflexionsgesprächen werden die Lernenden dazu herausgefordert, ihr eigenes Denken und Handeln mit dem der MitschülerInnen in Bezug zu setzen. Das eröffnet für jeden einzelnen neue Perspektiven, wodurch ein tiefgreifender sachbezogener Austausch erst möglich wird (vgl. Seitz 2013, 209ff.).

Studien weisen darauf hin, dass Kinder vor allem im Zusammenhang mit technikbezogenen Fragestellungen von problemlösenden Zugängen profitieren (vgl. Jerentin-Kopf & Kosack 2013, 48; Kosack, Jerentin-Kopf & Wiesmüller 2015, 39f.) und so ein breites Spektrum an Fertigkeiten, Kenntnissen, Einstellungen und Haltungen gefördert werden kann. Technisches Problemlösen zeichnet sich durch eine klare Zielperspektive aus. Der Anfangszustand und der angestrebte Endzustand sind klar definiert, der Weg, der die beiden Zustände verbindet, stellt die Problemlösung dar. Indem Kinder Technik als ein herausforderndes Aktionsfeld erleben und ihre eigene Kreativität und Motivation als wesentlichen Einflussfaktor in der Auseinandersetzung mit technischen Problemen wahrnehmen, können diese Erfolgserlebnisse positive Kompetenzerlebnisse hervorbringen und so das technikspezifische Selbstkonzept prägen (vgl. Blümer 2015, 10).

Problemorientierter Unterricht sollte so gestaltet sein, dass er die Auseinandersetzung mit realistischen Problemen und authentischen Situationen ermöglicht und so den Anwendungsbezug sicherstellt (vgl. Reinmann & Mandl 2006, 640). Die Lernumgebung soll vielfältige Möglichkeiten zum selbstständigen und kooperativen Lernen bieten, ohne die Kinder in ihrem Lernprozess sich selbst zu überlassen. Ohne die Unterstützung der Lehrkraft durch zielgerichtete und individuell angepasste Hilfen, kann der Problemlöseprozess schnell überfordernd und ineffektiv sein (vgl. ebd., 641).
Das technische Problemlösen kann auf vielfältige Weise in den Sachunterricht integriert werden, zumeist sind es arrangierte Probleme, die in Form einer herausfordernden Situation/ Aufgabe an die Lernenden herangetragen werden. Für alle im Folgenden aufgeführten Zugänge gelten Kreativität und gestalterisch-ästhetische Komponenten als wesentliche Bestandteile des Problemlöseprozesses. Je nach Aufgabentyp fließen sie mehr oder weniger stark in das Endprodukt ein:

(1) *Black-Box-Aufgaben:* Wesentliche für die Funktion relevante Elemente werden verdeckt und die Lernenden sollen die Konstruktion verstehen und bauen (z.B. Bau eines Hampelmanns oder Bau eines mechanischen Spielzeuges siehe Finkbeiner & Greinstetter 2018). Der Fokus vieler technisch-orientierter Black-Box-Aufgaben liegt auf der Konstruktion von (mechanischen) Funktionszusammenhängen. Spezielle Materialsysteme wie Lego oder Baukästen von Fischer-Technik geben Bauteile (z.B. Zahnräder, Riemen, Achsen) vor und begrenzen die Lösungsfindung damit auf die Auswahl und Anordnung der jeweiligen Bauteile.

(2) *Kriteriengeleitete Konstruktionsaufgaben:* Ausgangspunkt der Problemlösung sind Kriterien, die die Zielkonstruktion erfüllen muss, manchmal wird das zur Verfügung stehende Material begrenzt. Innerhalb dieser Vorgaben entwickeln die Lernenden die Lösung frei und bewerten sie anhand der zuvor festgelegten Kriterien (z.B. Bau eines Fahrzeuges, das besonders weit auf einer Rampe geradeaus fahren kann, siehe Schmiedebach, Wiese & Wegner 2018). Besonders herausfordernd können dabei Aufgaben sein, die einen Widerspruch in sich tragen (z.B. Bau einer tragfähigen Papierbrücke oder einer Murmelbahn aus Papier siehe Lemmen & Eikmeyer 2018). Dann stehen vor allem Materialeigenschaften und gestalterisch-konstruktives Problemlösen im Vordergrund.

(3) *Konstruktion eines Hilfsmittels oder eines eigenen Produktes:* Konstruiert werden soll entweder ein Hilfsmittel für eine Problemsituation, die so oder so ähnlich den Kindern im Alltag begegnen könnte (z.B. Transport eines schweren Gegenstandes siehe Menger 2015) oder eine eigene Konstruktion, die es so noch nicht gibt (z.B. Bau einer Gummibärchenwurfmaschine siehe Jerentin-Kopf, Kosack & Wiesmüller, 2015). Die Motivation für die Problemlösung ist folglich nicht nur, die gestellte Aufgabe besonders gut zu erfüllen, sondern für die beschriebene Situation ein Hilfsmittel oder eine eigene technische Konstruktion zu entwickeln. Der Zweck und die Nutzung dieser Lösungskonstruktion stehen dabei im Vordergrund, so dass dieser Aufgabentypus in besonderer Weise das Wesen von Technik (Trias von Bedürfnis – Handeln – Artefakt, vgl. Mammes & Graube 2017, 5) transportiert. Wie bei der kriteriengeleiteten Konstruktionsaufgabe werden auch hier zunächst Kriterien festgelegt, die die fertige Konstruktion erfüllen muss, insofern kann dieser Aufgabentyp als eine Unterart der kriteriengeleiteten Konstruktionsaufgabe verstanden werden.

Das eigene kreative, technische Erfinden entspricht dem letztgenannten Aufgabentypus und ist aus verschiedenen Gründen von hoher Relevanz für die technische Bildung im Sachunterricht. Kinder sind in ihrer Lebenswelt umgeben von technischen Produkten, die sie ganz selbstverständlich in ihrem Alltag nutzen, oft ohne sie technisch hinterfragen zu können. Zusammengeschweißte Plastikgehäuse und elektrische Anschlüsse verhindern das Nachvollziehen technischer Funktionszusammenhänge, so dass Technik Kindern als wenig transparent begegnet. Technische Geräte sind „einfach da“ und werden von Kindern ganz selbstverständlich bedient, so dass sie immer schwerer technische Systeme von natürlichen Gegebenheiten unterscheiden können. Hier kann das Erfinden das Blickfeld der Kinder erweitern und den Kern der Technik ins Zentrum stellen: Bedürfnis – technisches Handeln – Artefakt (vgl. Mammes & Graube 2017, 5). Ausgangspunkt jeder technischen Entwicklung ist der Mensch, der technische Artefakte zur Befriedigung seiner Bedürfnisse entwickelt und konstruiert. Gerade weil das Erfinden und Konstruieren als Teil eines problemorientierten Unterrichts für das technische Lernen so zentral ist, gibt es in diesem Bereich auch eine kontroverse internationale Diskussion. Kosack, Jerentin-Kopf & Wiesmüller (2015) konnten trotz der zum Teil der unterschiedlichen Schwerpunkte aus internationalen

Curricula und Vorschlägen fachdidaktischer Vereinigungen induktiv Kompetenzbeschreibungen extrahieren und haben mit dem *Design Process* (Abbildung 3) eine gemeinsame internationale Basis für Konstruktionsprozesse gefunden.

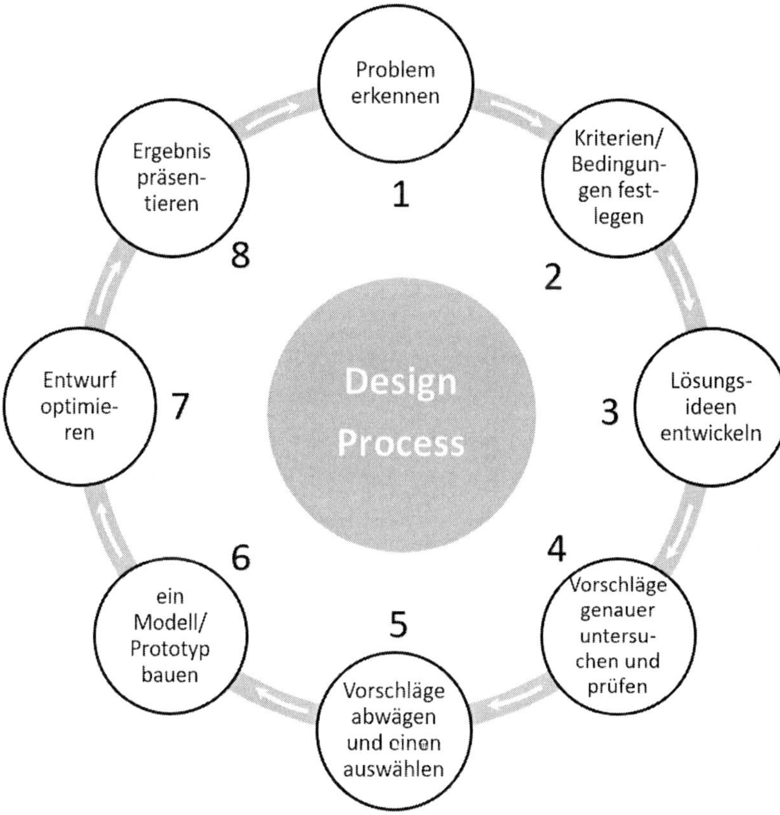

Abbildung 3: Phasen im Design Process (vgl. ITEA 2007, 102)

Es handelt sich bei dem Design Process um eine systematische Problemlösestrategie, bei der unter Berücksichtigung von bestimmten Kriterien und Bedingungen verschiedene Lösungen für ein Problem oder für die Befriedigung menschlicher Bedürfnisse entwickelt werden (vgl. ITEA 2007, 237). Die endgültige Lösung ist dabei immer das Ergebnis der Abwägung verschiedener teils widersprüchlicher Bedingungen und Kriterien, so dass Kommunikationsprozesse im Design Process unverzichtbar sind (vgl. Kosack, Jerentin-Kopf & Wiesmüller 2015, 97). Diese acht Phasen lassen sich auf das technische Erfinden übertragen und können für Kinder einen Rahmen für strukturiertes, planvolles Vorgehen bilden. Dabei sind sie jedoch nicht als streng

einzuhaltende Handlungsabfolge zu verstehen, sondern als Orientierungshilfe, um das Ziel nicht aus dem Blick zu verlieren.
Wenn Kinder selbst zu Erfindern werden, entsteht ein komplexer Lernprozess, der das Erkennen einer Fragestellung/ eines Problems und die Entwicklung von Lösungsideen mit dem Verständnis für die technische Funktionalität, praktischem Handeln und Optimierungsprozessen verbindet. Durch Möglichkeiten des Erfindens können somit nicht nur alle wesentlichen technikbezogenen (GDSU 2013, 64 ff.), sondern auch perspektivübergreifende Kompetenzen (ebd., 20ff.) gefördert werden, was das Erfinden zu einem sehr fruchtbaren Zugang zur Technik macht (Abbildung 4). Wie der Problemlöseprozess bei jedem Einzelnen verläuft, zu welchem Ergebnis er kommt und welche technischen Lösungswege gefunden werden, hängt maßgeblich von den Rahmenbedingungen ab (z.B. materielle, soziale, kognitive, zeitliche, persönliche oder technische Bedingungen) (vgl. Graube 2013, 32f.). Folglich braucht es zur Bewertung der Lösungen transparente Kriterien wie z.B. Funktionalität, Design oder Zielgenauigkeit. Darüber hinaus wird immer auch der Arbeitsprozess im Sinne einer Methodenreflexion mit einbezogen, so dass die gesamte Leistungsbewertung von einem pädagogischen Leistungsbegriff getragen wird (vgl. Grittner 2015, 516).

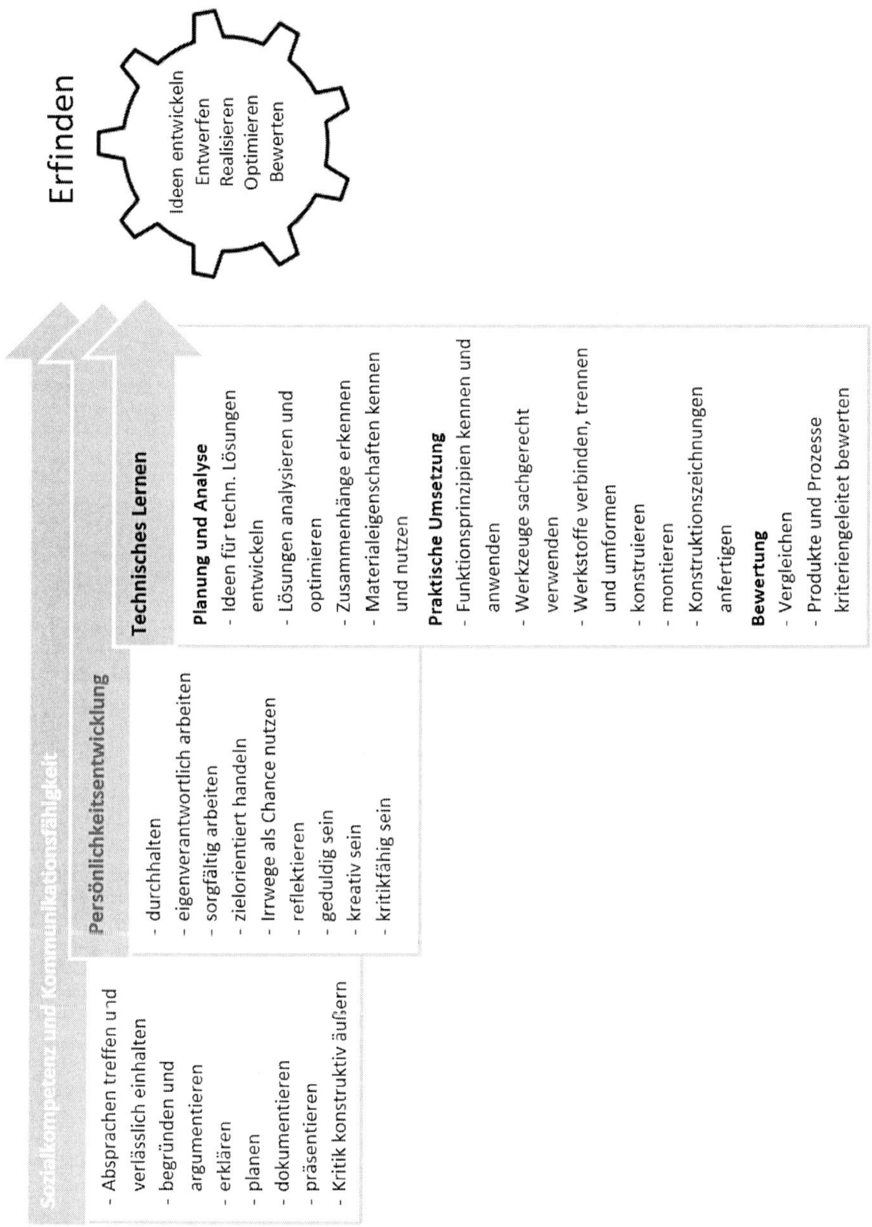

Abbildung 4: Lernchancen beim Erfinden

2.1.3 *Erfinden und Konstruieren mit Alltagsmaterialien*

Einer Erfindung geht das zielgerichtete Entwickeln eigener Ideen und Gedankenexperimente voraus, die dann durch eine Konstruktion in die Praxis umgesetzt werden. Mit dem Erfinden sind somit alle Handlungsfelder rund um das Bauen und Konstruieren eng verknüpft. Dabei kann sowohl mit strukturierten Materialien (z. B. Zometool, Lego oder Fischertechnik), als auch mit unstrukturierten, bedeutungsoffenen Materialien (Alltags- und Baumarktmaterialien) gearbeitet werden. Im problemorientierten Sachunterricht haben beide Vorgehensweisen ihre Berechtigung, verfolgen jedoch sehr unterschiedliche Ziele.

Konstruktions-Baukastensysteme bestehen aus verschiedenen Grund- und Verbindungsbausteinen sowie Achsen, Rädern, Zahnrädern oder Motoren als zusätzliche Bauelemente. Dabei sollen in der Regel Modelle gebaut oder konstruiert werden, die exemplarisch technische Funktionszusammenhänge nachvollziehbar machen. Da die Bauteile und ihre Verbindungsmöglichkeiten vorgegeben sind, sind keine handwerklichen Bearbeitungsmöglichkeiten (Verbinden, Trennen, Umgang mit Werkzeugen, Materialauswahl etc.) vorgesehen. Beim Lösen von Konstruktionsaufgaben oder beim Modellbau mit Konstruktionsbaukästen konzentrieren sich Kinder also ausschließlich auf die Eigenschaften ihrer Konstruktion, das Zusammenwirken der einzelnen Bauteile und ihre Funktionszusammenhänge. Die so gewonnenen Erkenntnisse lassen sich auf zahlreiche technische Erfindungen und Bauwerke aus der Lebenswelt übertragen, da diese häufig auch aus genormten Bauteilen gefertigt sind. Im Zusammenhang mit der Implementierung digitalen Lernens in den Unterricht werden einige Konstruktionsbaukästen um Lernangebote aus den Bereichen Robotik und Programmierung erweitert, so dass das technische Konstruieren teilweise in den Hintergrund tritt.

Alltags- und Baumarktmaterialien zeichnen sich durch eine kreativitätsfördernde Wirkung aus, da keine vorstrukturierten Pläne oder Lösungen angeboten werden, sondern sie sich durch eine Vielfalt der zur Verfügung stehenden miteinander kombinierbaren Materialien auszeichnen (vgl. Kosack, Wiesmüller & Jerentin-Kopf 2015, 288). Kinderköpfe sind voll von Erfindungen, die nur auf ihre Realisierung warten (Abbildung 5). Beim Erfinden mit unstrukturierten Materialien können Kinder Materialien zweckentfremden, beim Tüfteln zu überraschenden Ergebnissen gelangen und Nachdenkpausen als Inspiration erleben (vgl. Fink 2015, 7ff.). Technisch-praktische

Fertigkeiten rücken hier phasenweise sehr stark ins Zentrum, da jedes Material eine andere Technik braucht, um es zu verarbeiten, mit anderen Materialien zu verbinden, zu verformen oder zu trennen. Es wird schnell offensichtlich, dass der Einsatz von Alltags- und Baumarktmaterialien eine besondere Raumaustattung erfordert. Kinder benötigen Werkzeug, zum Teil Werkstattzubehör wie Schraubstöcke oder Zwingen und es braucht eine besondere Fachkenntnis der Lehrpersonen, um Sicherheitsanforderungen gewährleisten zu können. Allerdings gibt es hierbei große Gestaltungsspielräume, da die Lehrkraft selbst Einfluss darauf nehmen kann, welche Materialien verarbeitet werden können und welche die persönlichen oder räumlichen Möglichkeiten überschreiten.

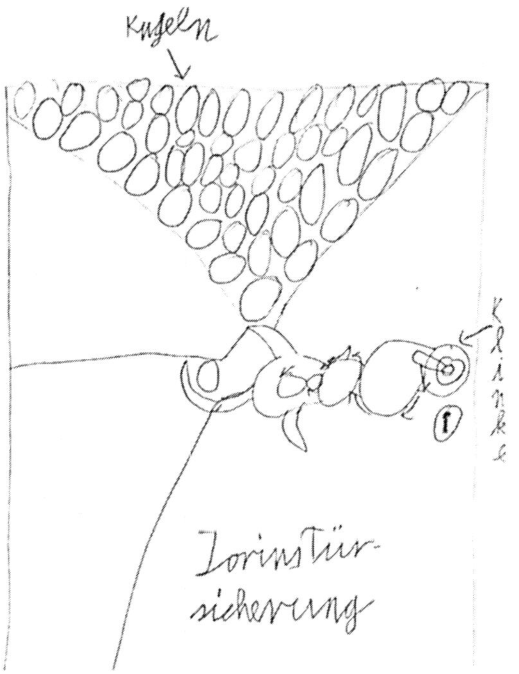

Abbildung 5: Jorins Türsicherung

Für die Erfindungen, die bei Opa Peers Schnitzeljagd benötigt werden, sind Baumarkt- und Alltagsmaterialien besonders geeignet, da hier technische Kreativität, Problemlösefähigkeit, Funktionalität und technisch-praktische Kompetenzen im Vordergrund stehen. Die Problemstellungen sind so ausgewählt, dass die mechanischen Konstruktionen (v.a. Achsen mit Rädern,

Winden und Kolben) keine Spezialbauteile erfordern (wie z.B. Zahnräder) und daher problemlos mit Alltags- und Baumarktmaterialien konstruierbar sind.

2.2 Unterrichtspraktische Umsetzung

Der Unterrichtsvorschlag rund um Opa Peers Schnitzeljagd setzt sich zum Ziel, ein anspruchsvolles Lernangebot für *alle* Kinder zu machen. Folgende Prinzipien für lernwirksamen Sachunterricht werden dabei in besonderer Weise berücksichtigt:

- Lernen in stinnstiftenden Kontexten
- Anregung vielfältiger Kommunikationsprozesse
- Kognitive Aktivierung
- Berücksichtigung der Präkonzepte
- Anschlussfähigkeit
- Handlungsorientierung

In den folgenden Ausführungen zu unterrichtspraktischen Umsetzungsmöglichkeiten werden diese Prinzipien inhaltlich ausdifferenziert und präzisiert.

Zur besseren Orientierung sind die Schriftarten und das Layout der Unterrichtsmaterialien unterschiedlich gewählt. Die Lehrermaterialien (z.B. zum Vorlesen) haben keinen Rand und die Schriftauswahl entspricht erwachsenen Lesern. Anders ist es bei den Arbeitsbögen für die Kinder: Sie haben einen schwarzen Rand mit dem inhaltlich passenden Symbol oben rechts in der Ecke und sind in einer für die Grundschule geeigneten Schrift gestaltet.

2.2.1 Grobstruktur des Unterrichts und Aufbau der Geschichte

Auch wenn im dritten und vierten Schuljahr der Leselernprozess schon fortgeschritten ist und Kinder umfangreichere Texte selbst erlesen können, handelt es sich bei Opa Peers Schnitzeljagd um eine Vorlesegeschichte. Die Kinder können die Geschichte so leichter auf sich wirken lassen und voll in die Geschichte eintauchen. Die komplexe sprachliche Gestaltung lädt dazu ein, ästhetisch reizvolle Bilder entstehen zu lassen und weckt Erinnerungen an intensive Gefühle. Um das Textverständnis zu unterstützen und den Kindern auch ästhetische Zugangsweisen zu ermöglichen, wird die Geschichte beim Vorlesen inszeniert (vgl. Richter 2010, 31): Stimme, Mimik, Gestik, passende Utensilien und vor allem die vielen Illustrationen zur Geschichte. Bilder

ermöglichen ein Vorleseerlebnis für alle, unabhängig von der jeweiligen Lesekompetenz der einzelnen SchülerInnen (vgl. Crämer 2017, 6).
Die Geschichte ist so angelegt, dass nach einer allgemeinen Einführung klar wird, dass die Kinder Erfindungen benötigen, um die von Opa Peer versteckten Bilderrätsel der Schnitzeljagd zu finden. Die Protagonisten wenden sich diesen Aufgaben in der Geschichte nacheinander zu, in der Unterrichtssituation werden sie parallel erarbeitet und können so flexibel unterschiedlichen SchülerInnengruppen interessen- und kompetenzbezogen zugeordnet werden. Idealerweise wird dann in arbeitsteiliger Gruppenarbeit gearbeitet, wobei jede Problemstellung je nach Klassengröße mehrfach vergeben wird. So entstehen Kommunikationsanlässe und es wird die Vielfalt an Lösungsmöglichkeiten deutlich. Grundsätzlich ist jede Erfindung als offene, selbst differenzierende Aufgabe angelegt. Trotzdem gibt es Erfindungen, die in ihrer Funktionalität und Bauweise komplexer sind als andere (der Bau eines Rollfahrzeug ist grundsätzlich komplexer als der einer Angel), so dass sich hieraus Differenzierungsmöglichkeiten für die Lehrkraft ergeben. Nachdem eine Gruppe ihre Erfindung konstruiert und präsentiert hat, wird die Geschichte innerhalb der Gruppe weitergeschrieben. Dazu stellen sich die Kinder vor, dass die Protagonisten Anne, Nils und Ida genau ihre Erfindung konstruiert haben und erzählen nun, wie sie es geschafft haben, das Bilderrätsel zu bergen. Auch Irrwege können hier eingearbeitet werden. Alle Textteile zu den vier Problemstellungen und Erfindungen werden dann zum Schluss zu einer Klassengeschichte zusammengefügt und mit dem letzten Abschnitt der Geschichte (*Popcorn für alle*) abgerundet. Da die Problemstellungen doppelt vergeben werden, entstehen entweder mehrere Geschichten oder der Klassenrat entscheidet über die besten Texte. Die Einheit kann entsprechend der zeitlichen und materiellen Möglichkeiten auch ausgedehnt werden, so dass Gruppen mehr als eine Erfindung konstruieren. Hier hat die Lehrkraft noch zusätzlichen Spielraum in Bezug auf eine quantitative Differenzierung. Auch denkbar ist die Bearbeitung innerhalb einer Projektwoche.
Abbildung 6 stellt die Grobstruktur des Unterrichts zusammenfassend dar, um dann die einzelnen Sequenzen differenzierter in den Blick nehmen zu können.

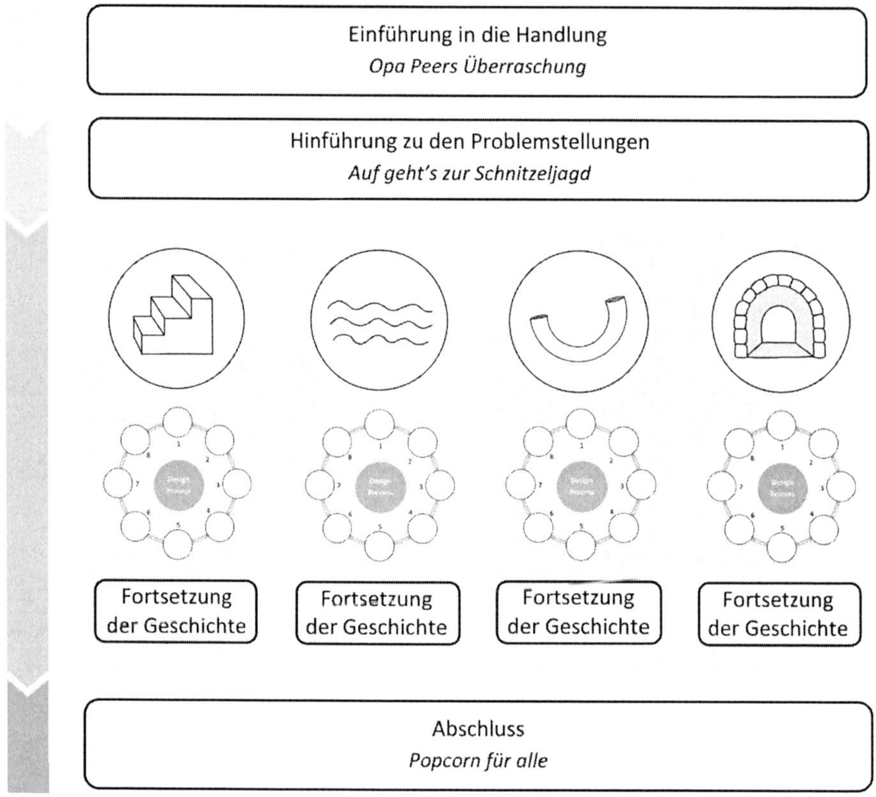

Abbildung 6: Grobe Unterrichtsstruktur der Einheit „Erfinden"

1. und 2. Sequenz: Einführung und Hinführung zu den Problemstellungen

Ausgangspunkt der Geschichte ist ein Tischgespräch, das viele Kinder auch aus ihrer eigenen Familie kennen (Abbildung 7): Die Kinderbetreuung für sechs Wochen Sommerferien muss geplant werden. Hieraus entwickelt sich der Problemaufriss, die Protagonisten Nils, Ida und Anne sowie die Großeltern Peer und Lina werden vorgestellt und schließlich der Hauptschauplatz detailliert beschrieben. Die Illustration des Geländes um Opa Peers Bauernhaus (Abbildung 8) erleichtert den Kindern beim Vorlesen der Einführung die Orientierung, kann aber auch im weiteren Verlauf der Einheit als Präsentationsmöglichkeit dienen. Dazu müsste sie digital oder vergrößert als Poster zur Verfügung gestellt werden. Die verschiedenen Lösungen können dann in Form von Fotos oder Zeichnungen an die entsprechenden Orte gehängt werden. Darüber hinaus können auch die bereits gefundenen Rätselzettel angeheftet werden.

Mit der Schnitzeljagd, den dazugehörigen Rätseln und der Aussicht auf eine Belohnung wird ein Kontext mit sehr hohem Motivationspotenzial gewählt, der vollkommen genderunabhängig ist. Durch die vielen Bezüge zur Lebenswelt der Kinder bieten sich zahlreiche Anlässe für Gespräche über Charaktere, ähnliche Erlebnisse und Gefühle oder über den möglichen Fortgang der Geschichte.

Die Hinführung zu den Problemstellungen (Abbildung 9) schafft Transparenz, da auf der Schatzkarte alle Aufgaben zu sehen sind und die zur Verfügung stehenden Materialien (Eichenkiste) eingeführt werden können. Dazu sollten die Grundausstattung an Baumaterialien (Abbildung 11), die Umschläge mit Schatzkarte und Rätselkarten als Gegenstände in der Klasse vorhanden sein, um die Geschichte beim Vorlesen zu untermalen.

Opa Peers Überraschung

Die Petersens saßen zusammen beim Abendbrot. Die Sommerferien rückten näher, und Papa und Mama hielten es für an der Zeit, mit ihren Kindern Nils und Ida die Urlaubspläne zu besprechen. In diesem Jahr würde vieles anders sein, denn beide hatten für die Ferienzeit keinen Urlaub bekommen, weil die Kinder mit 10 und 8 Jahren angeblich alt genug seien, um anders als mit den Eltern Zeit zu verbringen. Es war ihnen immerhin gelungen, jeweils 10 Tage frei zu bekommen, allerdings nicht gemeinsam.
Papa hatte dies gerade den Kindern mitgeteilt. „Und was machen wir jetzt?“ wollte Nils wissen. „Wir haben uns überlegt, dass es vielleicht ganz schön ist, wenn ihr die ersten zwei Wochen bei Oma und Opa verbringt, die freuen sich immer so sehr, wenn ihr da seid,“ meinte Mama. Ida stöhnte auf: “Nicht schon wieder! Nach ein paar Tagen ist es da immer so langweilig. Können wir nicht mit der Jugendgruppe vom Sportverein nach Langeoog fahren?“ – „Daran haben wir auch schon gedacht,“ antwortete Papa, „aber die Teilnehmerliste war schon voll.“ – „Mist,“ brummte Nils, der auch keine große Lust verspürte, auf dem Land zu versauern, wie er es ausdrücken würde.
„Wir haben bereits mit Oma und Opa gesprochen, und sie waren einverstanden, dass ihr beide einen Freund oder eine Freundin mitbringen könnt. Ich denke, das ist ein guter Kompromiss.“ Mamas Friedensangebot wurde von den Kindern etwas mürrisch aufgenommen, aber sie sahen ein, dass es wohl keine Alternative gab.
Als zwei Wochen später Papa das Auto belud, standen allerdings nur drei Kinder in der Einfahrt. Nils machte ein finsteres Gesicht, denn seine drei besten Freunde waren alle mit ihren Eltern in den ersten Ferienwochen weg, so dass er ohne einen Kumpel zu den Großeltern fahren musste. Nein, schlimmer noch! Idas Freundin Anne, deren Hibbeligkeit ihn schon immer genervt hatte, kam auch noch mit! Na das konnte ja heiter werden!
Die Fahrt zu den Großeltern verbrachte er schweigend, während sich Ida und Anne auf dem Rücksitz angeregt unterhielten und von Zeit zu Zeit in Gelächter ausbrachen. Die Versuche von Papa, seinen Sohn aufzuheitern, verpufften ohne Reaktion.
Am Haus der Großeltern angekommen half Nils seinem Vater beim Ausladen und Ida zeigte ihrer Freundin zunächst einmal die Umgebung. Das umgebaute Bauernhaus, neben dem die Scheune und ein alter Geräteschuppen standen, war von einem großen Gelände umschlossen. Vor dem Haus befand sich die ehemalige Pferdekoppel, die jetzt eher einer Wildblumen- und -kräuterwiese glich. Hinter dem Haus und der großen Terrasse erstreckte sich ein Campus mit zahlreichen Apfel- und Birnbäumen, schon früher ein beliebter Spielplatz von Ida und Nils. Neben der Terrasse standen noch der Sandkasten und einige Spielgeräte sowie ein kleines Gartenhaus. Etwas abseits gab es noch einen stillgelegten Brunnen, von dem sich die Kinder bisher aber fernhalten mussten. Anne war völlig begeistert und konnte gar nicht verstehen, warum Ida die Begeisterung nicht teilte. Sie gingen gerade wieder zurück zum Auto, als die Großeltern aus dem Haus traten und mit ausgebreiteten Armen und einem breiten Lächeln auf die Ankömmlinge zugingen.

Abbildung 7: Einführung in die Handlung

„Herzlich willkommen auf unserer Hacienda," sagte Opa Peer, und Oma Lina schloss Ida in die Arme und drückte sie kräftig. „Und du bist also Anne," wandte sie sich an Idas Freundin. „Guten Tag, Frau Noll. Danke, dass ich mit hier sein darf," entgegnete Anne. „Du brauchst nicht so förmlich zu sein, min Deern, ich bin Oma Lina." Sie reichte Anne die Hand und drückte sie dann ebenfalls an sich.
Nils hatte die Begrüßung mit düsteren Blicken verfolgt. Opa Peer war das nicht entgangen. Er trat auf seinen Enkel zu, schlug ihm kräftig auf den Rücken und sagte: „Moin, min Jung. Mach mal nicht so 'n finsteres Gesicht. Ich kann mir denken, was in dir vorgeht. Aber ich verspreche dir, ihr werdet in den zwei Wochen hier eine Menge Spaß haben. Oma und ich, wir haben uns da nämlich was ausgedacht." Er beließ es zunächst bei diesen Andeutungen. Nils blickte zwar weiterhin skeptisch, aber er kannte seinen Opa gut genug, um doch ein wenig hoffnungsvoller auf die nächste Zeit zu schauen – trotz Ida und Anne.
„Also, was ist denn nun die Überraschung, Opa?" fragte Nils nach dem Abendessen, denn er konnte seine Neugierde nicht mehr zügeln. „Nu denn," hob Opa Peer an und setzte eine gewichtige Miene auf. „Ihr wisst ja, dass ich früher als Geheimagent tätig war." Ida und Nils blickten sich an und verdrehten leicht die Augen, weil sie ganz genau wussten, dass Opa in der Großstadt bei einer Bank gearbeitet hatte. „Und da," fuhr Opa fort, „kam es vor, dass wir verschlüsselte Botschaften entdecken und entziffern mussten, bevor wir zum Beispiel an wichtiges Material oder Gold oder so was herankamen. Jetzt war ich neulich auf dem Heuboden drüben in der Scheune. Da habe ich eine große Truhe stehen sehen, auf der ein Zirkel eingeritzt war, und ich habe mich gefragt, ob das wieder so ein Hinweis oder eine Botschaft ist oder was da drin versteckt ist. Aber ihr wisst ja, ich bin inzwischen viel zu alt, um mich selbst darum zu kümmern." Dabei blickte er vergnügt von einem zum andern. „Und da haben Oma und ich uns gedacht, wir warten, bis ihr da seid, dann könnt ihr das Rätsel für mich lösen. Wer weiß, vielleicht wartet am Ende eine echte Belohnung auf euch."
Die drei Kinder blickten sich an. Idas Wangen hatten angefangen zu glühen, und Nils Ohren waren vor Aufregung ganz rot geworden, obwohl er ansonsten versuchte, cool zu wirken. Anne saß staunend daneben und hielt vor Spannung die Luft an.
„Allerdings," setzte Opa Peer seine Rede fort, „gibt es noch eine Schwierigkeit: ihr müsst alle drei richtig gut zusammenarbeiten, sonst wird das nix." Ohne sich anzuschauen nickten alle drei Kinder sofort. „Na klar, Opa." Auch Anne hatte eingestimmt, guckte dann aber etwas schuldbewusst in Richtung Opa Peer. Der lächelte nur und nickte ihr unmerklich zu.
Nils war bereits aufgesprungen. „Na los, dann rennen wir gleich mal rüber!" – „Moment, junger Mann," mischte sich jetzt Oma Lina ein, „im Dunkeln geht mir keiner mehr auf den Heuboden. Ich will nicht, dass ihr euch verletzt. Lasst uns lieber eine Runde Mensch-Ärgere-Dich-Nicht spielen. Morgen nach dem Frühstück könnt ihr dann loslegen." Sie blickte sich zufrieden um. Das war doch richtig gut gelaufen!

(Fortsetzung Abbildung 7)

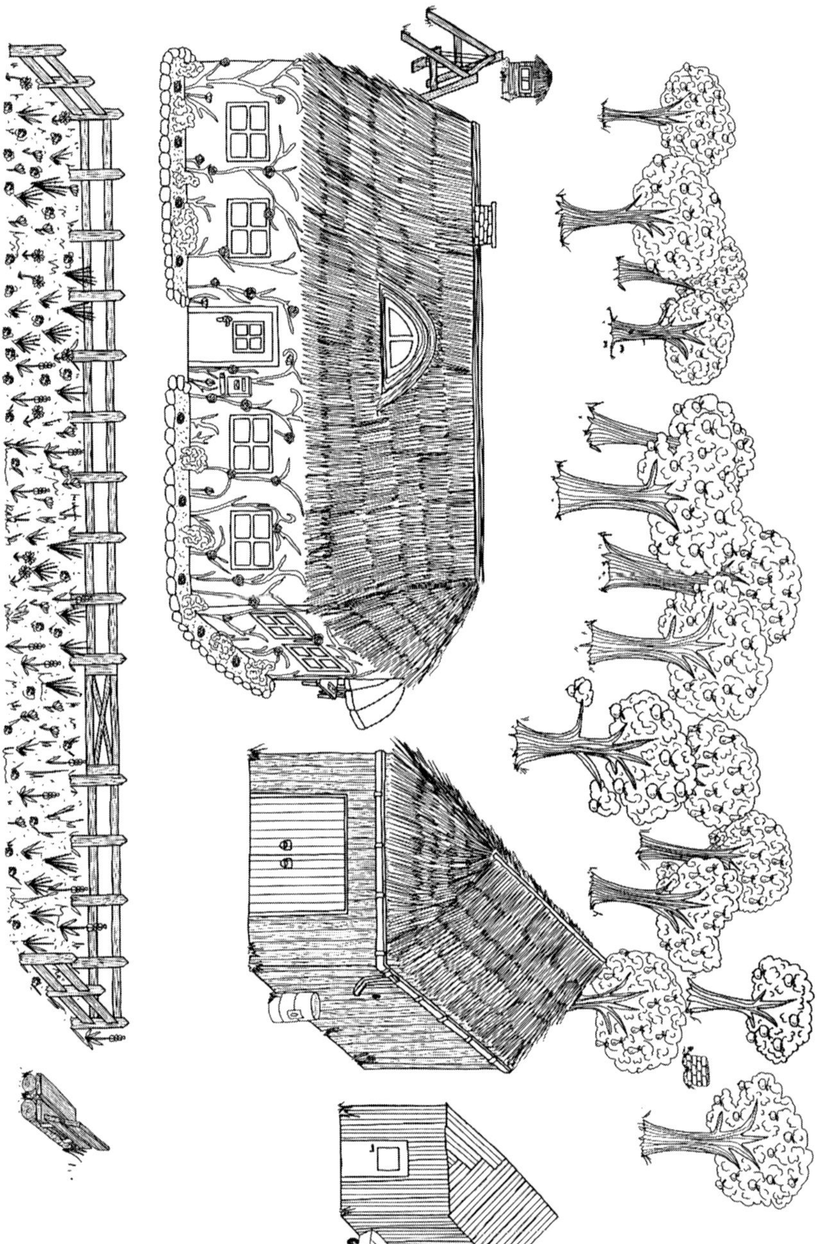

Abbildung 8: Schauplatz der Geschichte „Opa Peers Schnitzeljagd"

Auf geht's zur Schnitzeljagd

So schnell wie am nächsten Morgen hatten die Kinder noch nie gefrühstückt. Den letzten Bissen hatten sie noch nicht heruntergeschluckt, da waren sie schon unterwegs zum Heuboden. Die Kiste mit dem eingeritzten Zirkel auf dem Deckel stand am hinteren Ende im Halbdunkel. Nils versuchte sofort, den Deckel zu öffnen, aber es gelang ihm nicht. „Ihr müsst alle drei richtig gut zusammenarbeiten," fielen ihm Opas Worte wieder ein. „Könnt ihr mir mal helfen, ich krieg' den Deckel nicht alleine auf," reagierte er prompt. Mit vereinten Kräften hoben sie den schweren Eichendeckel an und klappten ihn zurück. Was sie in der Truhe sahen, enttäuschte sie zunächst etwas. Sie enthielt scheinbar wahllos zusammengeworfene Materialien: z.B. Holzstücke verschiedener Länge und Größe, alte Kinderklamotten, ein Schnurknäuel, Draht, Bierdeckel und Pappe.
Sofort tauchten alle drei nebeneinander mit beiden Armen in die Kiste und begannen im Inhalt herumzuwühlen. Zunächst fanden sie nichts Brauchbares, und auch das Zirkel-Symbol tauchte nirgends auf. Doch dann entdeckte Ida einen Umschlag mit einem gemalten Zirkel darauf. Das musste die gesuchte Botschaft sein! „Ich glaub', ich habe was gefunden," rief sie. Anne und Nils hörten auf zu kramen und blickten Ida erwartungsvoll an. „Hier seht mal, auf dem Umschlag ist wieder der Zirkel." – „Na mach' schon auf," knurrte Nils ungeduldig. „Ich habe eben eine Schere in der Hand gehabt. Warte, da ist sie. Hier." Anne hob die Schere aus der Kiste und gab sie vorsichtig an Ida weiter. Sorgfältig schlitzte Ida den Umschlag auf und hielt die Luft an. Anne und Nils drängten näher an sie heran. „Was ist drin?" fragten sie fast gleichzeitig. Mit spitzen Fingern zog Ida ein vergilbtes Blatt Papier aus dem Umschlag heraus, faltete es auseinander und breitete es auf dem Boden aus.
In der Mitte war mit schwarzer Farbe ein Zirkel gemalt, der von einem Kreis umgeben war. Von diesem gingen sternförmig Linien ab, an deren Ende sich verschiedene Symbole befanden.
Die drei Kinder schauten sich an. „Ich glaube, das ist so eine Art Schatzkarte", meinte Anne vorsichtig. „Aber, was sollen die Zeichen bedeuten?" – „Die Wellen hier können eigentlich nur Wasser sein. Aber wo haben wir hier Wasser? Ein Fluss ist nicht in der Nähe, und auch zum Freibad ist es ziemlich weit." – „Gibt's denn keinen anderen Hinweis?" fragte Ida. Nils war schon wieder in die Kiste abgetaucht. „Doch!" rief er – durch die Kinderkleidung etwas gedämpft. Mit rotem Kopf richtete er sich auf und hielt mit der linken Hand einen etwas größeren Umschlag in die Höhe, der völlig eingestaubt war und auch nicht besonders sauber aussah, aber das Zirkel-Symbol war deutlich zu erkennen. „Was ist drin?" fragten beide Mädchen wie aus einem Mund. Wortlos reichte Nils ihnen den Umschlag. Ida konnte es nicht abwarten und riss das Papier auf. Noch bevor sie hineinschauen konnten, fielen Karten auf den Scheunenboden. Es waren allerdings keine Spielkarten, sondern eher mittelgroße Karteikarten. In der linken oberen Ecke war wieder der Zirkel zu erkennen. Nils klaubte die Karten vom Boden auf und schaute sie sich genauer an. „Ich glaube, das sind Erklärungen für die Schatzkarte," murmelte er. „Guckt mal, auf der einen Seite sind die Bilder, auf der anderen Seite ein Text."

Abbildung 9: Hinführung zu den Problemstellungen

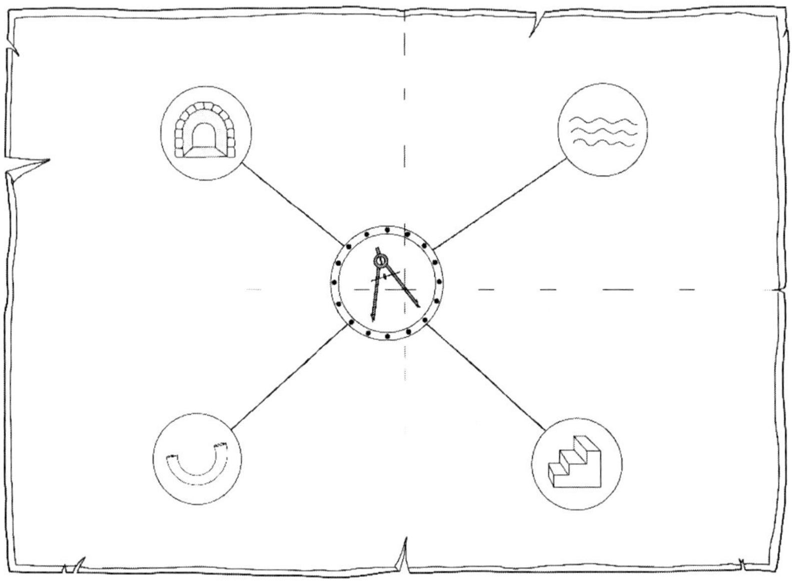

Abbildung 10: Übersicht über die Problemstellungen (Schatzkarte)

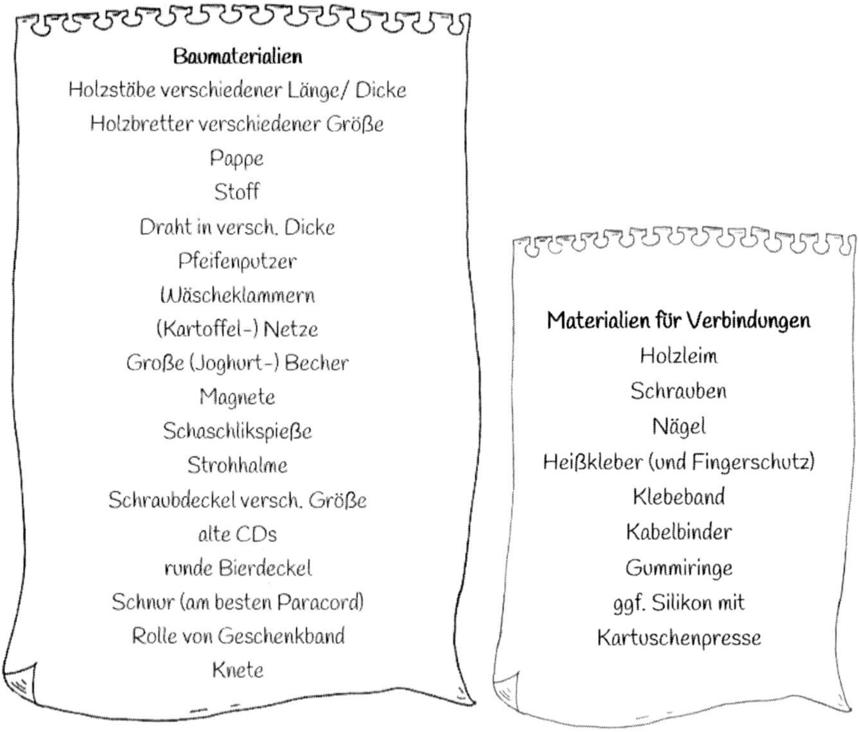

Abbildung 11: Grundausstattung zur Einheit

3. Sequenz: Erarbeitung und Bearbeitung einer ausgewählten Problemstellung

Jede Problemstellung ist innerhalb der Geschichte gleich aufgebaut, genauso wie die dazugehörigen Unterrichtsmaterialien. So ist es möglich, gemeinsam mit der Klasse die Vorgehensweise bei der Problemlösung strukturiert einzuführen (Abbildung 12, Arbeitsschritte des Design Process) und diese Struktur auch während der Arbeitsphase beizubehalten. Vor allem in so offen gestalteten Unterrichtsphasen ist dies von besonderer Bedeutung, damit a) die einzelnen Gruppen planvoll vorgehen und keine Materialien durch unüberlegtes Handeln verschwenden, b) die Lehrkraft während der Arbeitsphase den Überblick behalten und die Lernprozesse aktiv begleiten kann und c) die Unterrichtseinheit einen Beitrag zum systematischen Aufbau von Methodenkompetenz leisten kann. Bereits eingeführte Arbeitsschritte (z.B. Sachzeichnung anfertigen) werden geübt und in einen neuen Kontext eingebunden. Neben der Wiederholung bereits erworbener Methodenkompetenzen und dem Aufbau neuer Lernschritte (z.B. Ergebnis mit dem zuvor definierten Ziel abgleichen) tritt die Reflexion stärker in den Vordergrund. Je nachdem, welche methodischen Vorkenntnisse die Kinder haben, wird so die Arbeit am Methodenbewusstsein ein wichtiger Schwerpunkt in der angestrebten Kompetenzerweiterung sein (vgl. Reeken 2017, 13).

Plan für kluge Köpfe

	Ziel aufschreiben: Was muss die Erfindung können?	☐
	Ideen besprechen: Wie könnte die Erfindung aussehen?	☐
	Skizze anfertigen: So soll die Erfindung aussehen.	☐
	Bau vorbereiten: Welche Materialien und Werkzeuge brauchen wir?	☐
	Bau der Erfindung: Achtet auf die Skizze!	☐
	Vergleich mit dem aufgeschriebenen Ziel: Kann die Erfindung, was sie sollte?	☐

Abbildung 12: Arbeitsblatt zum strukturierten und planvollen Vorgehen beim Erfinden

Alle Problemstellungen werden mit einem Rätseltext eingeführt, der dem Forscherdrang der Kinder entspricht und sich so motivationsfördernd auswirkt. Um die Probleme aus dem Text rekonstruieren zu können, ist Kreativität und das gemeinsame Nachdenken erforderlich. Ob die Rätseltexte im Klassengespräch oder von den Interessengruppen erarbeitet und dann zusammengetragen werden, ist von der Klassen- und Gruppenzusammensetzung abhängig. Die Grafiken mit den einzelnen Problemsituationen können hier unterstützen und sicherstellen, dass alle Kinder vor Beginn der Arbeitsphase die Aufgabe erfasst haben (Design Process Schritt 1).
Nun beginnen die Gruppen mit der Planung ihrer Erfindung (Abbildung 12). Hierzu legen sie das Ziel fest und definieren, was bei der Konstruktion zu beachten ist (Design Process Schritt 2). Für das Brunnenproblem wäre beispielsweise das Ziel, eine Konstruktion zu erfinden, mit der die kleine Kiste aus dem Brunnen hochgeholt werden kann. Dabei muss darauf geachtet werden, dass das Seil nicht durch die Reibung am Brunnenrand reißt. Es ist wichtig, dass alle Gruppen diese Kriterien und Bedingungen auf dem Arbeitsblatt notieren, damit die Abschlussreflexion der Erfindungen kriteriengeleitet stattfinden kann. Ein anschließender kurzer Zwischentext regt die Kinder nun an, sich über ihre Lösungsideen auszutauschen (Design Process Schritt 3), diese zu analysieren und zu bewerten, um schließlich eine als Konstruktionsskizze auf dem Arbeitsblatt festzuhalten (Design Process Schritte 4 und 5). Die Realisierung dieser Idee (Design Process Schritte 7 und 8) wird durch den Plan für kluge Köpfe weiter begleitet, auf dem die bearbeiteten Schritte mit einem Häkchen gekennzeichnet werden.
Wenn die Gruppen eine Erfindung gebaut haben, die für sie das optimale Hilfsmittel ist, um das Problem zu lösen, stellen sie ihre Lösung vor, begründen ihre Konstruktions- und Vorgehensweise und bewerten abschließend gemeinsam mit der Klasse ihre Funktionalität. Es sollten in jedem Fall immer wieder Bezüge zu ähnlichen Hilfsmitteln aus der Lebenswelt der Kinder hergestellt werden, sofern sich das sinnvoll einbringen lässt. Idealerweise wird die Problemsituation modellhaft in der Klasse nachgestellt, um zu beweisen, dass alle Kriterien und Bedingungen erfüllt sind. Die Kinder schlüpfen dann in die Charaktere der drei Protagonisten und spielen die Problemlösung in einem Rollenspiel nach. Das kann den Perspektivwechsel erleichtern und damit das Schreiben der Geschichte vorbereiten. Durch den Schreibprozess werden alle Phasen von der ersten Idee bis zur fertigen Erfindung noch

einmal reflektiert und in ein größeres Netzwerk eingebunden, was zu einer nachhaltigeren Verankerung des Gelernten führen kann (siehe Merkmal Netzwerk). Es bietet sich an, den Schreibprozess auch im Deutschunterricht zu begleiten, um das Potenzial der Geschichte voll ausschöpfen zu können.

4. Sequenz: Zusammenführung der Textteile und Abschluss der Einheit

Sobald alle Gruppen ihre Fortsetzung der Geschichte fertig gestellt haben, wird das große Finale vorbereitet. Alle Textteile werden zusammengesetzt und die fertige Klassengeschichte vorgetragen. Erst jetzt rücken die Bilderrätselzettel ins Zentrum, die Ida, Nils und Anne mit ihren Erfindungen entdecken. Diese werden gemeinsam im Klassengespräch gelöst und das Lösungswort „Kinosessel" erarbeitet. Der letzte Abschnitt der Geschichte beendet die inhaltliche Arbeit an der Einheit. Ein Kinovormittag mit Popcorn wäre eine gutes Pendent zum Kinobesuch der Protagonisten, so dass die Einheit auch in der Klasse in einem passenden Rahmen abgeschlossen werden kann. Vor allem zum Abschluss einer Projektwoche bietet sich dies an.

2.2.2 Darstellung der vier Problemstellungen

Auch wenn die vier Problemstellungen grundsätzlich offen angelegt sind und somit vielfältige Möglichkeiten der natürlichen Differenzierung eröffnen, sind sie doch unterschiedlich komplex (Abbildung 13). Die Lehrkraft hat hierdurch zusätzliche Möglichkeiten, die SchülerInnen bei der Wahl der Problemstellung für ihre Gruppenarbeit entsprechend zu beraten.

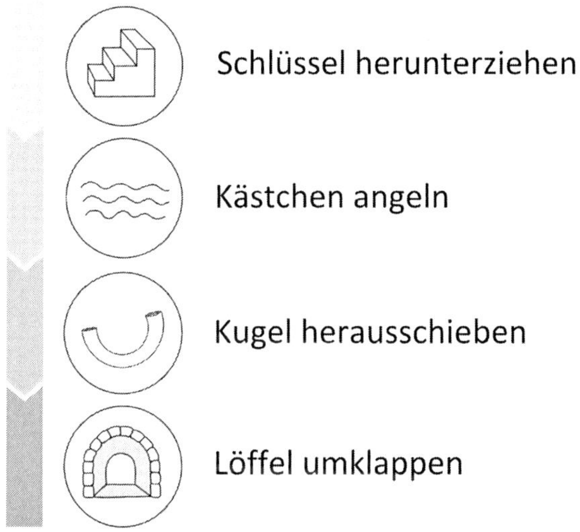

Abbildung 13: Problemstellungen in steigender Komplexität

Für alle Erfindungen gilt, dass die Kinder Vorerfahrungen im Umgang mit Werkzeugen (Hammer, Schraubendreher, ggf. Säge) und in Bezug auf die wichtigsten Verbindungstechniken für Holz und Pappe/ Papier haben sollten (nageln, schrauben, leimen, kleben). Alle Problemstellungen sind so konzipiert, dass sie ohne einen Werkraum gelöst werden können, solange grundsätzliche Regeln eingehalten werden (siehe hierzu z.B. Möller 2015). Wichtig ist vor der praktischen Umsetzung der Erfindungen, die Regeln noch einmal zu wiederholen und gut sichtbar im Klassenraum aufzuhängen, um das Unfallrisiko zu minimieren.

Um die einzelnen Problemstellungen beim Vorlesen veranschaulichen zu können, sollten die wichtigsten Materialien in der Klasse vorhanden sein. Abbildung 14 fasst zusammen, welche Materialien das im Einzelnen sind.

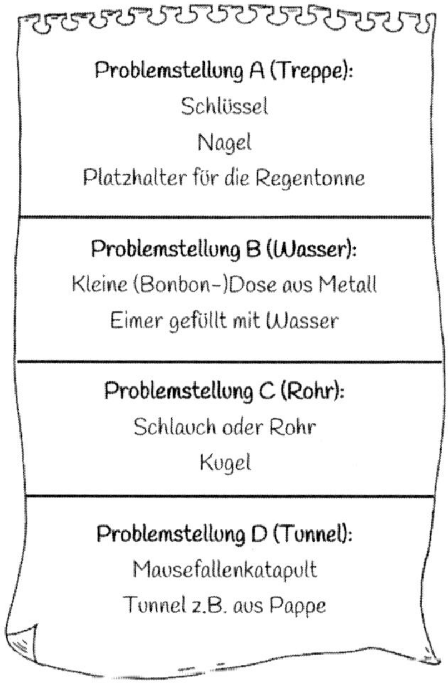

Abbildung 14: Material zur Veranschaulichung der Problemstellungen

A. Schlüssel herunterziehen (Treppe)

Die wichtigsten Hinweise zum Lösen des Treppenproblems sind wie bei allen Problemstellungen in dem Rätseltext enthalten und können somit von den Kindern selbstständig erarbeitet werden: Gefunden werden muss ein Schlüssel, mit dem eine Kammer unter der Treppe geöffnet werden kann, in dem der Zettel mit dem Bilderrätsel versteckt ist. Der Schlüssel hängt über einer Regentonne und muss so heruntergezogen werden, dass er nicht in diese Tonne hineinfällt.

Um den Schlüssel herunter zu bekommen, benötigen die Kinder lediglich einen langen Stab und etwas, womit sie den Schlüssel herunterziehen, auffangen oder festhalten können. Beide Bedingungen sind durch die Problemsituation schon sehr konkret vorgegeben. Die Kreativität und Problemlösekompetenz beschränkt sich bei dieser Aufgabe auf die Auswahl geeigneter Materialien und deren Befestigungsmöglichkeiten. Diese Problemstellung kann daher als weniger komplex eingestuft werden. Damit die Funktionalität der Erfindung in der Klasse überprüft werden kann, sollte ein Schlüssel in etwa 2,50 - 3,00 m Höhe angebracht werden. Auch bei der Präsentation der Lösung veranschaulicht dies für alle Kinder die Problemsituation und erleichtert die gemeinsame Bewertung der Erfindung. Darüber hinaus wird das Schreiben der Fortsetzung der Geschichte auf diese Weise vorbereitet.

Treppenrätsel

„Lies doch mal den Text von der Treppe vor," bat Anne. Nils drehte die Karte mit der Treppe um und las:

Verschlossen liegt die kleine Kammer,
unter Stufen noch versteckt.
Zum Öffnen braucht ihr keinen Hammer,
wenn den Schlüssel ihr entdeckt.
Am Boden könnt ihr ihn nicht finden,
er hob sich in die Luft empor;
ihr müsst die Tonne überwinden,
denn die steht jetzt direkt davor.

„Welche Tonne denn?", wollte Anne wissen, die sich auf dem Hof noch nicht so gut auskannte. „Damit kann eigentlich nur die Regentonne gemeint sein, die hinten an der Scheune steht," meinte Ida. „Genau!" pflichtete Nils ihr bei und war auch schon unterwegs. Die beiden Mädchen rannten ihm nach.

„Der Schlüssel muss irgendwo weiter oben sein," dachte Nils laut. „Da ist er!" rief Ida. „An einem Nagel direkt über der Tonne. Wie sollen wir da bloß drankommen? Er darf ja nicht in die Tonne fallen, die ist voll Wasser." Ida nahm den Notizblock und fing an zu schreiben. Alle drei überlegten angestrengt, diskutierten, verwarfen Ideen, machten Vorschläge und schließlich sagte Nils: „Super, so wird es klappen. Lasst uns eine Skizze zeichnen."

Abbildung 15: Problemstellung „Treppe" mit Rätselkarte und Illustration der Problemsituation

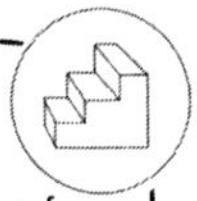

„Der Schlüssel muss irgendwo weiter oben sein," dachte Nils laut. „Da ist er!" rief Ida. „An einem Nagel direkt über der Tonne. Wie sollen wir da bloß drankommen? Er darf ja nicht in die Tonne fallen, die ist voll Wasser." Ida nahm den Notizblock und fing an zu schreiben:

Wir müssen etwas bauen, mit dem wir

Wir müssen darauf achten, dass

Alle drei überlegten angestrengt, diskutierten, verwarfen Ideen, machten Vorschläge und schließlich sagte Nils: „Super, so wird es klappen. Lasst uns eine Skizze zeichnen."

Abbildung 16: Arbeitsblatt zum Treppenrätsel zur Entwicklung einer Lösung

Folgende Ideen könnten Kinder für Erfindungen entwickeln, mit denen der Schlüssel heruntergezogen werden kann:

- Apfelpflücker/ Kescher:
  An einen langen Stab wird ein Auffangbehälter (z.B. Becher) angebracht, der Schlüssel wird mit der Kante des Bechers heruntergezogen, so dass der Schlüssel in den Becher fällt. Je größer der Becher ist, desto höher ist die Wahrscheinlichkeit, dass der Schlüssel auch hineinfällt.
  Alternativ könnte auch ein Haken an der Spitze eines langen Stabes angebracht werden, mit dem der Schlüssel aufgefädelt werden könnte. Bei der Höhe erfordert diese Lösung jedoch recht viel Geschick und Feinmotorik.
- Magnetstange:
  An einen langen Stab wird ein Magnet befestigt, mit dem der Schlüssel heruntergenommen werden kann. Die Schwierigkeit bei dieser Lösung ist es vor allem, den Magneten so zu befestigen, dass er nicht herunterfällt. Magneten sind schlecht zu verarbeiten, da sie sich schlecht mit anderen Materialien verbinden lassen. Der Einsatz von Klebeband ist nur dann sinnvoll, wenn der Magnet später nicht für andere Dinge wiederverwendet werden soll (an der Pinnwand oder Tafel).
- Abdecken der Regentonne:
  Manche Kinder können auch auf die Idee kommen, die Regentonne abzudecken und den Schlüssel z.B. mit einem Katapult herunterzuschießen. Da die Regentonne sehr hoch ist, müsste eine Leiter verwendet werden. Es liegt im Ermessen der Lehrkraft, ob sie der Verfolgung dieser Idee Raum und Zeit geben möchte. Für die Erprobung innerhalb der Klasse ist diese Lösungsidee aus verschiedenen Gründen eher ungeeignet. Zum einen müsste ein Modell der Regentonne aufgebaut werden, zum anderem würden die Kinder mit einem Katapult oder einer Schleuder Gegenstände durch die Klasse schießen, was die Arbeitsphase erheblich stören könnte.

Bei den meisten Erfindungen werden sich Bezüge zu Hilfsmitteln aus ihrer *Lebenswelt* herstellen lassen. Alle Kinder kennen Kescher und manche vielleicht auch einen Apfelpflücker. Auch lange Stäbe, an denen ein Haken befestigt ist, kennen die Kinder aus der Turnhalle, wenn dort mit einem ähnlichen Hilfsmittel Ringe von der Decke gezogen werden. Diese Vorkenntnisse helfen bei der Erfindung und sollten im Unterrichtsgespräch aktiviert und als Lernanlass genutzt werden.

Nachdem die Erfindungen in der Klasse präsentiert und gemeinsam mit Blick auf die Funktionalität reflektiert wurden, schreiben die Gruppen, die sich mit dem Treppenrätsel beschäftigt haben, die Geschichte weiter. Dazu erhalten sie einen kurzen Impuls (Abbildung 17), um sich leichter in die Personen hineinversetzen zu können und einen guten Anschluss an die vorherigen und nachfolgenden Textteile zu gewährleisten.

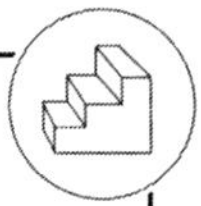

Fertig! Ida, Anne und Nils betrachteten stolz ihre Erfindung und konnten es kaum erwarten, den Schlüssel damit herunter zu bekommen. „Na los, aufräumen können wir später!" rief Anne ungeduldig.

Wie geht die Geschichte weiter? Erzähle, wie die drei den Schlüssel mit Eurer Erfindung herunterbekommen.

Beende deine Geschichte mit dem Satz:

→ Stolz hielten sie die Kiste hoch.

Abbildung 17: Impuls zum Weiterschreiben der Geschichte (Treppenrätsel)

B. Metallbox angeln (Wasser)

Das Rätsel (Abbildung 18) gibt bei dieser Problemstellung mehrere wichtige Hinweise, die für die Problemlösung relevant sind. Das Kästchen liegt mittig in einem Brunnen, der mit etwas klarem Wasser gefüllt ist. Daraus ergibt sich die Bedingung, dass es nicht möglich ist, einfach nur ein Seil hinabzulassen, um das Käschen zu angeln. Dann würde das Seil an den groben Steinen möglicherweise reiben und in der Folge reißen, was zu vermeiden ist. Darüber hinaus wird ein Hinweis darauf gegeben, dass das Kästchen von einem Magneten angezogen werden kann. So wird schon eine klare Richtung vorgegeben und verhindert, dass die Kinder Haltevorrichtungen für das Kästchen, Angelhaken oder ähnliches konstruieren. Durch den Auftrieb des Wassers bräuchte die Angel ein Gewicht am Ende der Schnur. Mit einem Magneten ist dieses Gewicht direkt vorhanden. Andere Lösungen können selbstverständlich trotzdem gefunden werden, es ist lediglich eine Empfehlung, die das Rätsel gibt. Im Vergleich zu Problemstellung A sind hier mehrere Aspekte zu beachten, die dieses Problem etwas komplexer machen. Wieder wird ein langer Stab benötigt, an dem an einer Schnur ein Magnet befestigt werden muss. Hier ist es nun wegen des Wassers ausgeschlossen, den Magneten mit Klebeband zu befestigen, eine andere Konstruktion muss erfunden werden.

Um die Problemsituation in der Klasse simulieren zu können, wird ein 10 Liter Eimer mit etwas Wasser benötigt. Darüber hinaus sollten die Kinder die Möglichkeit haben, sich z.B. auf einen Tisch zu stellen, um den Höhenunterschied zwischen ihnen selbst und dem Kästchen nachvollziehen zu können, der in der Geschichte durch die Tiefe des Brunnens gegeben ist.

Brunnenrätsel

„Lies doch mal den Text von den Wellen vor," bat Anne. Nils drehte die Karte mit den Wellen um und las:

> *Verboten ist's hinabzusteigen,*
> *es liegt hier auf dem dunklen Grund*
> *ein Kästchen, macht es euch zu eigen;*
> *doch mittig liegt genau der Fund.*
> *Zum Heben nutzt die Zauberkraft,*
> *die auf Metall und Eisen wirkt;*
> *ist's Kästchen erst heraufgeschafft,*
> *ein Teil des Rätsels sich entwirrt.*

„Versteht ihr das?" Anne war schon die ganze Zeit nervös von einem Bein auf das andere gehüpft. „Ich glaube ja," stieß sie hervor. „Das muss der Brunnen sein. Da liegt bestimmt eine kleine Kiste auf dem Grund, die wir irgendwie hochholen müssen." – „Los, wir sehen nach!" Alle drei rannten zur Treppe, wo es einen kleinen Stau gab, weil sie einzeln hinuntergehen mussten. Am Brunnen angekommen beugten sie sich vorsichtig über den Rand.

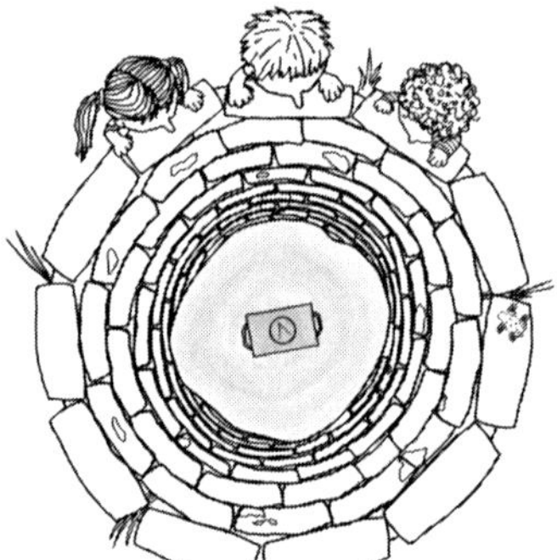

Die kleine Metallkiste war von oben gut zu erkennen, denn es war nur wenig klares Wasser im Brunnen. Der Brunnenrand aus rotbraunen Ziegeln war sehr grob gemauert. „Wir können doch einfach ein Seil runterlassen und dann die Kiste hochziehen," schlug Ida vor. „Und wie sollen wir unten die Kiste an das Seil bekommen? Die Kiste liegt doch genau in der Mitte. Und außerdem ist der Rand viel zu rau, das Seil würde reißen. Wir müssen uns etwas anderes einfallen lassen," meinte Anne. Nils nahm seinen Notizblock heraus und begann zu schreiben. Alle drei überlegten angestrengt, diskutierten, dachten nach und schließlich sagte Nils: „Super, so wird es klappen! Am besten zeichnen wir uns eine Skizze."

Abbildung 18: Problemstellung „Brunnen" mit Rätselkarte und Illustration der Problemsituation

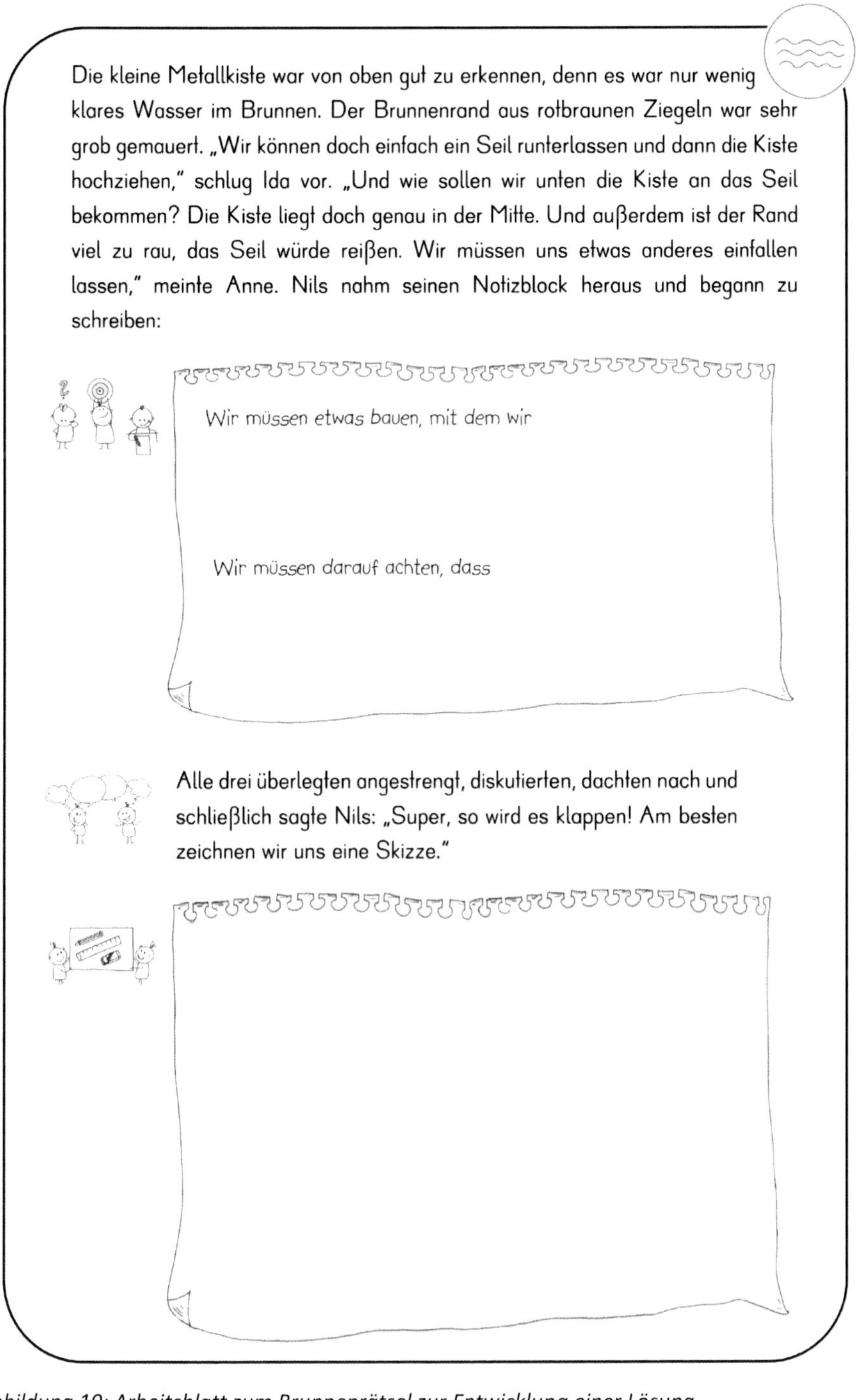

Die kleine Metallkiste war von oben gut zu erkennen, denn es war nur wenig klares Wasser im Brunnen. Der Brunnenrand aus rotbraunen Ziegeln war sehr grob gemauert. „Wir können doch einfach ein Seil runterlassen und dann die Kiste hochziehen," schlug Ida vor. „Und wie sollen wir unten die Kiste an das Seil bekommen? Die Kiste liegt doch genau in der Mitte. Und außerdem ist der Rand viel zu rau, das Seil würde reißen. Wir müssen uns etwas anderes einfallen lassen," meinte Anne. Nils nahm seinen Notizblock heraus und begann zu schreiben:

Wir müssen etwas bauen, mit dem wir

Wir müssen darauf achten, dass

Alle drei überlegten angestrengt, diskutierten, dachten nach und schließlich sagte Nils: „Super, so wird es klappen! Am besten zeichnen wir uns eine Skizze."

Abbildung 19: Arbeitsblatt zum Brunnenrätsel zur Entwicklung einer Lösung

Folgende Ideen können Kinder für Erfindungen entwickeln, mit denen das Kästchen aus dem Brunnen gehoben werden kann:

1. Bauelement: Angel
   - Einfache Angel: Eine Angel, bei der eine Schnur durch die Drehung eines Stabes oder Astes aufgewickelt werden kann, ist eine simple Konstruktion, jedoch sehr effektiv. Der Konstruktionsaufwand ist bei dieser Bauweise sehr gering, sie führt aber genauso zum Ziel wie eine aufwändiger gebaute Angel.

Angel mit Winde: Diese Angelkonstruktion ist deutlich aufwändiger. An einem Stab oder einer Holzlatte wird eine Führung z.B. mit Wäscheklammern befestigt. Am unteren Ende kann mit einem Schaschlikspieß und einer Spule von einem Geschenkband die Winde angebracht werden (Abbildung 20).

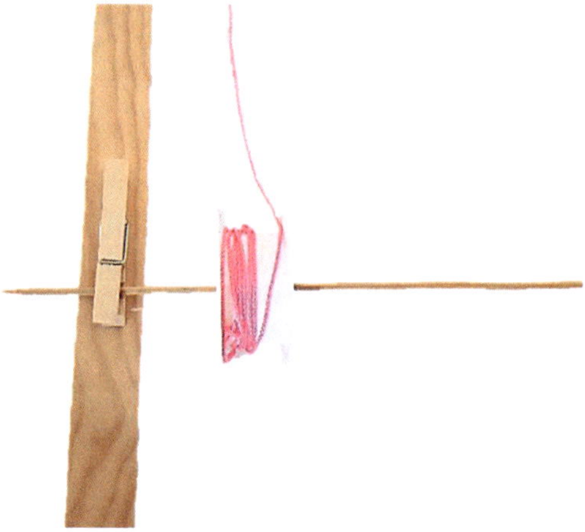

Abbildung 20: Mögliche Angelkonstruktion mit Winde

2. Bauelement: Befestigung des Magneten

Da der Magnet nicht mit Klebeband befestigt werden kann, muss er auf andere Weise an dem Band der Angel befestigt werden.

- Magnet im Eimer: Der Magnet könnte in einen großen Joghurtbecher gelegt werden, sofern der Boden dünn genug und der Magnet sehr stark ist. Bei der Erprobung dieser Problemstellung war das die erste Idee einiger Kinder, da sie wussten, dass Magnetkraft durch Materialien hindurch wirken kann. Je nach Stärke und Masse des zur Verfügung stehenden Magneten ist diese Idee auch umsetzbar, allerdings hat der Becher dann auch Auftrieb im Wasser, was die Bergung des Kästchens schwieriger machen wird.

- Magnet im Netz: Wird der Magnet in ein (Gemüse-)Netz gelegt und dieses an der Angel befestigt, so kann die volle Magnetkraft genutzt werden, ohne dass Auftrieb die Bergung negativ beeinflusst. Wenn das Kästchen nicht zu groß ist, ist ein Tafel- oder Pinnwandmagnet stark genug.

Auch bei dieser Problemstellung liegen die *Bezüge zur Lebenswelt* der Kinder auf der Hand, da viele unmittelbar an Angeln denken, die sie vom Fischen kennen. Diese Assoziation kann jedoch dazu führen, dass die Kinder sehr kompliziert zu denken beginnen und Konstruktionen entwickeln wollen, die mit dem zur Verfügung stehenden Material kaum zu verwirklichen sind. Der Blick auf die Balance zwischen Aufwand und Nutzen bietet sich beim Bau der Angel daher in besonderer Weise an.

Nach der Präsentation und Reflexion der Ergebnisse wir auch hier wieder ein Impuls zum Weiterschreiben der Geschichte gegeben (Abbildung 21).

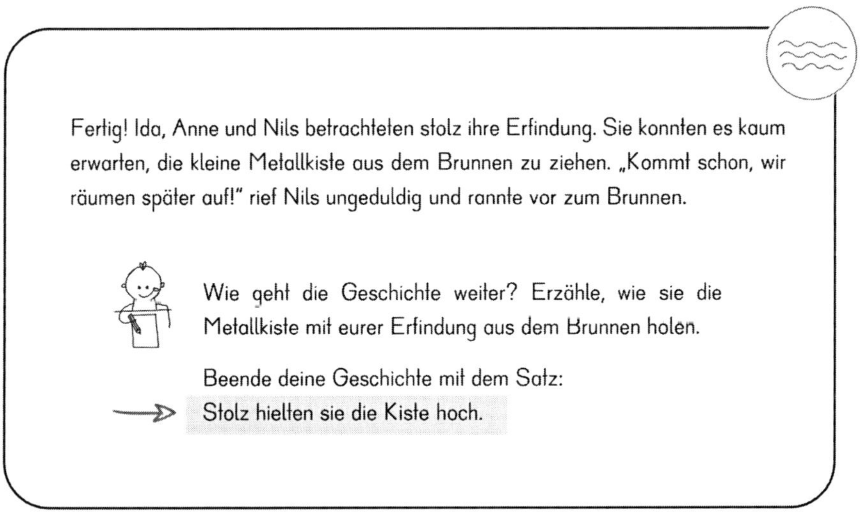

Fertig! Ida, Anne und Nils betrachteten stolz ihre Erfindung. Sie konnten es kaum erwarten, die kleine Metallkiste aus dem Brunnen zu ziehen. „Kommt schon, wir räumen später auf!" rief Nils ungeduldig und rannte vor zum Brunnen.

Wie geht die Geschichte weiter? Erzähle, wie sie die Metallkiste mit eurer Erfindung aus dem Brunnen holen.

Beende deine Geschichte mit dem Satz:

→ Stolz hielten sie die Kiste hoch.

Abbildung 21: Impuls zum Weiterschreiben der Geschichte (Brunnenrätsel)

C. Kugel herausschieben oder -rollen (Rohr)

Der Rätseltext des dritten Rätsels (Abbildung 22) gibt den Hinweis, dass der Zettel mit dem Bilderrätsel in einem Rohr versteckt ist. In dem Rohr liegt eine Kugel (z.B. ein Ball aus dem Bällebad oder eine teilbare Styroporkugel aus dem Bastelbedarf), in die der Zettel hineingesteckt wird. Der Durchmesser der Kugel sollte nur etwas kleiner als der Rohrdurchmesser sein. Bei der Auswahl des Rohres bietet sich eines aus Plastik mit einer glatten Innenseite an (z.B. ein Abflussrohr), es könnte aber auch ein Schlauch mit einem größeren Durchmesser genommen werden. Der Neigungswinkel sollte 45° nicht überschreiten, besser darunterbleiben, da sonst die Aufgabe sehr schwer zu lösen ist.

Rohrrätsel

„Lies doch mal den Text mit dem Rohr vor," bat Anne. Nils drehte die Karte mit dem Rohr um und las:

Der Hinweis wird nicht leicht gefunden,
er liegt ganz nah an einem Baum;
doch sucht nicht oben, sondern unten,
seht genau hin, man sieht ihn kaum.
Die Kugel liegt in einem Rohr,
das man nicht einfach heben kann;
die Enden schauen nur hervor,
wie kommt ihr an den Hinweis ran?

„Das heißt, wir müssen hinten auf dem Campus nach einem Rohr suchen," meinte Anne. „Genau," bestätigte Nils, „und es muss in der Nähe eines Baumes unter der Erde sein. Los, gehen wir suchen." Getrennt liefen sie unter den Bäumen umher, den Blick auf den Boden gerichtet. Plötzlich stolperte Ida und konnte sich gerade noch am Baum abstützen. „Ich glaube, ich bin über das Rohr gestolpert!" rief sie.

Anne und Nils liefen zu ihr und sahen das eine Ende eines Rohres, das aus dem Boden ragte. „Da muss in der Nähe noch ein zweites Ende sein," vermutete Nils. Tatsächlich – das Rohr schien unter den Wurzeln zu verlaufen und kam auf der anderen Seite wieder an die Oberfläche. „Und wie sollen wir da eine Kugel rausholen? Ausgraben geht offenbar nicht," sagte Anne. Nils nahm seinen Notizblock heraus und begann zu schreiben. Alle drei überlegten angestrengt, diskutierten, verwarfen Ideen, machten Vorschläge und schließlich sagte Nils: „Super, so wird es klappen. Lasst uns eine Skizze zeichnen."

Abbildung 22: Problemstellung „Rohr" mit Rätselkarte und Illustration der Problemsituation

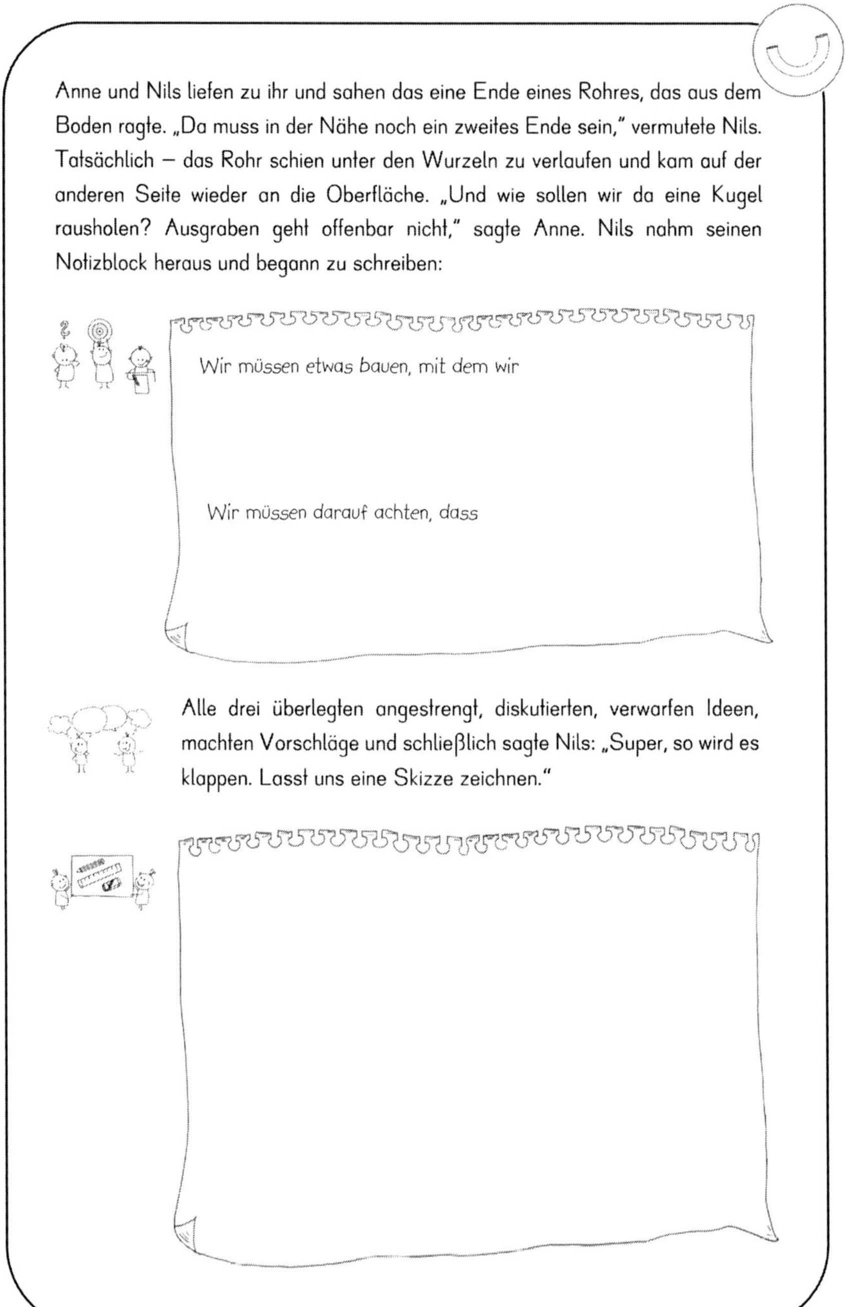

Anne und Nils liefen zu ihr und sahen das eine Ende eines Rohres, das aus dem Boden ragte. „Da muss in der Nähe noch ein zweites Ende sein," vermutete Nils. Tatsächlich – das Rohr schien unter den Wurzeln zu verlaufen und kam auf der anderen Seite wieder an die Oberfläche. „Und wie sollen wir da eine Kugel rausholen? Ausgraben geht offenbar nicht," sagte Anne. Nils nahm seinen Notizblock heraus und begann zu schreiben:

Wir müssen etwas bauen, mit dem wir

Wir müssen darauf achten, dass

Alle drei überlegten angestrengt, diskutierten, verwarfen Ideen, machten Vorschläge und schließlich sagte Nils: „Super, so wird es klappen. Lasst uns eine Skizze zeichnen."

Abbildung 23: Arbeitsblatt zum Rohrrätsel zur Entwicklung einer Lösung

Um die Kugel aus dem Rohr zu bekommen, bieten sich zwei grundsätzlich unterschiedliche Lösungsmöglichkonstruktionen an: Die Kugel kann mechanisch oder mit Druckluft herausgeschoben werden. In einigen Freizeitparks gibt es Spielgeräte, bei denen ein Ball mit einem starken Wasserstrahl in ein Loch befördert werden muss, weshalb Kinder auch die Idee haben könnten, die Kugel mit einem Wasserstrahl hinaus zu schießen. Auch wenn dies in der Unterrichtssituation nicht umsetzbar ist und auch innerhalb der Geschichte ein gewisses Risiko birgt (wird der Zettel in der Kugel vielleicht nass?), könnte es der Ausgangspunkt für Alternativideen sein: Statt mit Wasser lässt sich die Kugel mit Luft herausschieben.

- Druckluftpistole: Um die Kugel mit Druckluft aus dem Rohr schieben zu können, benötigt man eine Luftpumpe oder einen Blasebalg. Damit die hineingepumpte Luft nicht sofort wieder durch die Öffnung hinausströmt, muss die Rohröffnung abgedichtet werden. Hierfür kann ein Plastikdeckel passgenau zugeschnitten und mit Silikon oder Klebeband am Rohr befestigt werden. Nun wird eine Öffnung für das Schlauchende des Blasebalgs oder der Luftpumpe hineingeschnitten. Auch hier ist es wieder wichtig, so passgenau wie möglich zu arbeiten, was für Kinder im Grundschulalter eine große Herausforderung sein kann. Damit keine Luft durch entstandene Ritzen strömt, können diese mit Silikon oder Knete abgedichtet werden. Nun kann die Kugel mit der Luft aus der Pumpe oder dem Blasebalg herausgerollt werden. Mit einer Überraschungsei-Kapsel statt einer Kugel würde diese Konstruktion nicht gut gelingen, da die Kapsel durch ihre ovale Form nicht in alle Richtungen rollen kann.
- Kolben: Die zweite Möglichkeit ist, die Kugel auf mechanische Weise aus dem Rohr zu schieben. Hierzu wird ein langer, nicht zu dünner Draht gewählt, an dessen Ende eine runde Platte befestigt wird. Diese sollte im Durchmesser etwas kleiner sein als das Rohr, damit die Kugel gut hinausgeschoben werden kann. Lässt man die Platte weg, so kann der Druckpunkt, an dem der Draht die Kugel schiebt, nicht bewusst gesetzt werden und es ist zunehmend mühsamer, die Kugel zu schieben. Diese Lösungsidee enthält also gutes Optimierungspotenzial, das Kinder durch Auswertungsgespräche erkennen und so ihre Lösung anpassen können.

Der direkteste *Bezug zur Lebenswelt* der Kinder sind Wasserpistolen, Wasserspiele (s.o.) oder Luftpumpen. Unmittelbare Bezüge zu Konstruktionen ihrer Lebenswelt sind nur schwer herstellbar, allerdings lassen sich anhand dieser Problemstellung Phänomene des Alltags erklären, die die Kinder nicht unmittelbar erleben. Zum Beispiel kann sehr gut gezeigt werden, wie mechanische Abflussreinigung mit Druckluft funktioniert. Besonders eindrucksvoll ist es, wenn dies in der Klasse demonstriert und die Kugel mit einem solchen Druckluftgerät herausgeschossen wird. Haben Gruppen eine Kolbenkonstruktion gebaut, so kann man diese an verschiedenen Stellen wiederentdecken (z.B. in Luftpumpen oder Spritzen). Wer sich noch intensiver mit der Kolbentechnik beschäftigen möchte, kann dies auch als Ausgangspunkt für die Erarbeitung der Funktionsweise eines Motors nehmen.

Da der Bau der Erfindungen sehr viel mehr handwerkliches Geschick und Genauigkeit erfordert als die beiden vorherigen Problemstellungen, sollte das Reflexionsgespräch nach der Präsentation der Erfindungen immer auch die Frage nach Optimierungsmöglichkeiten enthalten. Sind diese herausgearbeitet und ggf. auch umgesetzt, schreiben die Kinder wie gehabt ihren Fortsetzungsteil der Geschichte (Abbildung 24).

Spitze, auch diese Herausforderung haben die drei gemeistert! Sie betrachteten stolz ihre Erfindung und konnten es kaum erwarten, die Kugel aus dem Rohr zu bekommen. „Ich bin so gespannt, ob es klappt. Wir müssen es gleich versuchen, das Aufräumen läuft uns nicht weg!" rief Ida und rannte gleich los.

Wie geht die Geschichte weiter? Erzähle, wie sie die Kugel mit eurer Erfindung aus dem Rohr bekommen.

Beende deine Geschichte mit dem Satz:

→ Stolz hielten sie die Kugel hoch.

Abbildung 24: Impuls zum Weiterschreiben der Geschichte (Rohrrätsel)

D. Löffel umklappen (Tunnel)

Das vierte und letzte Problem spricht durch seinen Aufbau viele Kinder an und bietet Differenzierungsmöglichkeiten in alle Richtungen. Auch wenn sie in Abbildung 13 als komplexeste dargestellt wird, kann durch die Materialauswahl der Schwierigkeitsgrad sehr gut gesteuert werden. Der Rätseltext allein verrät nur sehr wenige Informationen, die für die Problemlösesituation relevant sind: Gesucht wird ein Tunnel, durch den ein Fahrzeug fahren soll, um etwas auszulösen, das sich dann nach unten bewegt. Erst durch den weiteren Geschichtentext wird klar, dass nicht ein Straßentunnel gemeint ist, sondern ein Tunnel, der sich im Geräteschuppen gebildet hat. Wie bei dem Rohrrätsel ist es auch hier unverzichtbar, die Situation im Kreisgespräch zu veranschaulichen. Die Mausefallenkonstruktion (Abbildung 25) lässt sich mit wenig Aufwand nachbauen. Wer sie nicht zur Hand hat, kann auch einen fertigen Bausatz kaufen (Suchbegriff im Internet ist Mini-Schokokuss-Schleuder) und kann dann das Mausefallenkatapult in der Klasse nicht nur zeigen, sondern auch ausprobieren lassen.

Abbildung 25: Gespanntes Mausefallen-Katapult

Für Kinder hat die Konstruktion einen sehr hohen Aufforderungscharakter, so dass die Gruppenzuteilung für diese Problemstellung möglicherweise durch die Lehrkraft gesteuert werden muss. Das Ziel der Arbeitsphase ist der Bau eines Fahrzeuges, das so konstruiert ist, dass es gegen das schräg gestellte Holzbrettchen fährt und so den Metallbügel samt Löffel umklappen lässt. Auf der Rückseite des Löffels ist das Bilderrätsel befestigt, das durch das Umklappen sichtbar wird. Möglicherweise müssten noch Leitplanken konstruiert werden, damit das Fahrzeug in der Spur bleibt.

Tunnelrätsel

„Lies doch mal den Text mit dem Tunnel vor," bat Anne. Nils drehte die Karte mit dem Tunnel um und las:

Ein Tunnel fuhrt vor eine Wand,
an der ein Mechanismus hangt.
Den auszulosen mit Verstand
Euch dann das neue Ratsel schenkt.
Ihr braucht dazu ein Fahrzeug wohl,
das sich alleine fortbewegt.
Die Spitze vorn, ob fest ob hohl,
lost aus, was dann nach unten schlagt.

„Ich kapier überhaupt nix!" Anne sah die beiden hilfesuchend an. „Es muss hier irgendwo eine Art Tunnel geben, durch den man aber nicht durchgehen oder durchfahren kann," dachte Nils laut. „Aber wo soll der sein? Davon steht nichts auf der Karte." – „Ich könnte mir denken, dass vielleicht der Geräteschuppen gemeint ist, da stehen doch so viele große Teile, Rasenmäher, Gartengeräte und Werkzeuge rum. Es könnte doch sein, dass sich da so eine Art Tunnel gebildet hat, der an der Wand endet," meinte Ida. „Gute Idee!" riefen die beiden anderen und liefen sofort zur Treppe.

Die Tür zum Gartenhaus war nur angelehnt und die drei Kinder drängelten sich gleichzeitig hindurch. „Stopp!" rief Anne. „Wir sollten uns besser so stellen, dass jeder in eine Richtung guckt." - „Da hinten, das sieht aus wie ein Tunnel. Aber die Sachen sind so schwer, dass wir sie nicht bewegen können." Nils war ganz aufgeregt. „Ich hole schnell eine Taschenlampe und leuchte da mal rein." Schon nach ein paar Sekunden war er mit der Leuchte wieder zurück. Er legte sich flach auf den Boden und leuchtete in den ‚Tunnel' hinein.

Abbildung 26: Problemstellung „Tunnel" mit Rätselkarte

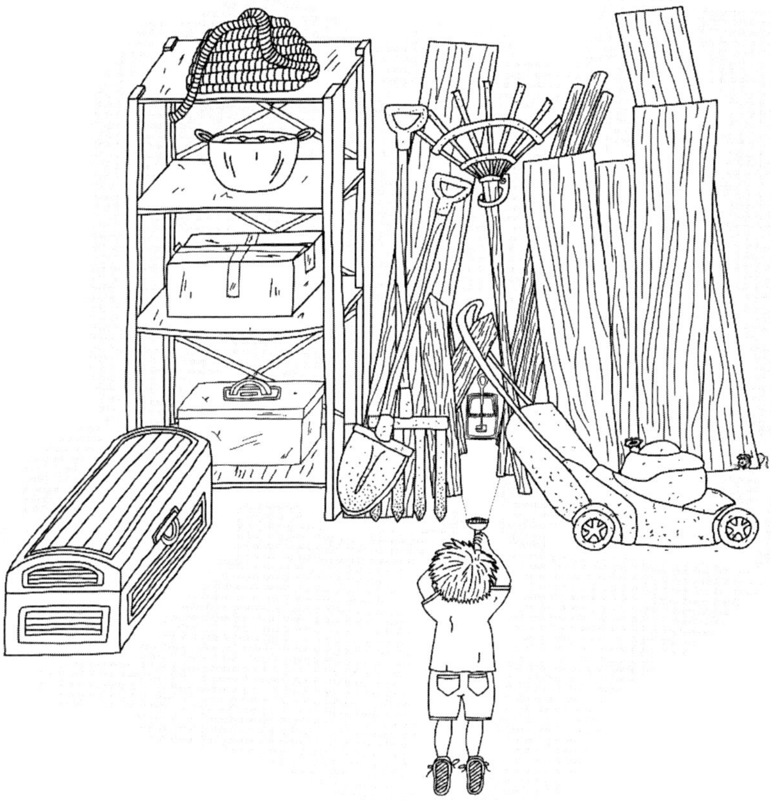

Abbildung 27: Illustration der Problemsituation „Tunnel"

„Da hinten ist was an der Wand," rief er. „Das sieht aus wie eine aufgehängte Mausefalle in der ein Holzlöffel steckt. Wie sollen wir da bloß drankommen? „Da stand was von einem Fahrzeug," sagte Ida. „Das müssen wir offenbar bauen und dann reinfahren lassen. Nur, wie soll das aussehen?" Anne nahm den Notizblock und fing an zu schreiben:

Wir müssen etwas bauen, mit dem wir

Wir müssen darauf achten, dass

Alle drei überlegten angestrengt, diskutierten, verwarfen Ideen, machten Vorschläge und schließlich sagte Nils: „Super, so wird es klappen. Lasst uns eine Skizze zeichnen."

Abbildung 28: Arbeitsblatt zum Tunnelrätsel zur Entwicklung einer Lösung

Über Rollfahrzeuge und ihre Konstruktionsmöglichkeiten mit Alltagsmaterialien wurde bereits viel publiziert (z.B. Eikmeyer & Tenberge 2012, Luysberg 2019, Schmiedebach, Wiese & Wegner 2018), so dass zu diesem Themenbereich viel Unterrichtsmaterial zur Orientierung oder Vertiefung in Fachzeitschriften zu finden ist. Einzelne Konstruktionsmöglichkeiten werden im Folgenden daher nicht im Detail vorgestellt. Vielmehr sollen *Differenzierungsmöglichkeiten* in den Blick genommen werden, die bei dieser Problemstellung sehr vielfältig sind. Gerade weil das Mausefallenkatapult auf viele Kinder besonders ansprechend und interessant wirkt, sollte sich die Zielgruppe für diese Aufgabe nicht nur auf leistungsstarke Kinder beschränken. Die Problemsituation ist zwar komplex, die Zielkonstruktion lässt sich aber in verschiedene Bauelemente zerlegen (Abbildung 29) und wird damit auch für Kinder besser erfassbar.

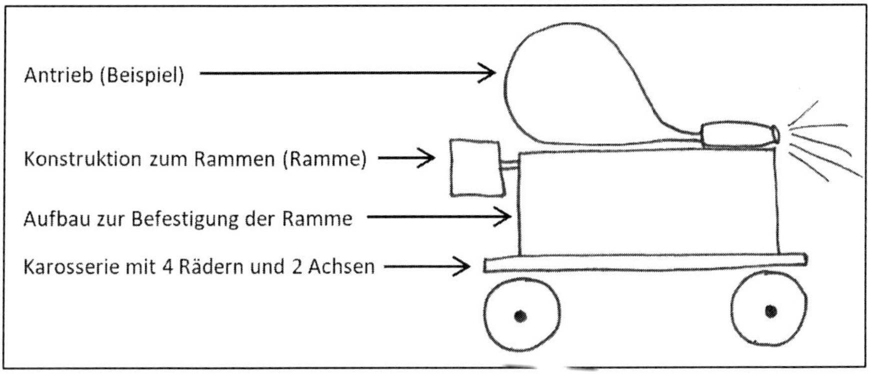

Abbildung 29: Bauelemente des Fahrzeuges zum Auslösen der Mausefalle

Indem einzelne Bauelemente z.B. durch vorgefertigte Materialien vorgegeben werden, wird der Erfindungsprozess um diese Bauelemente reduziert, ohne die Offenheit und die verschiedenen Lernwege zu verlieren. Die Aufgabe bleibt selbstdifferenzierend, auch wenn sie nun weniger komplex ist. Als Beispiel könnten die drei Protagonisten eine Fahrzeugkarosserie einer Eisenbahn oder eines Spielzeugautos im Geräteschuppen finden (ggf. sogar mit Rückziehmotor). Die Konstruktionsaufgabe besteht dann darin, hierfür einen passenden Aufbau mit Ramme zu erfinden, um die Mausefalle auslösen zu können. Im Gegensatz dazu entsteht die maximale Komplexität, wenn fertigen Bauteile oder Hilfen zur Verfügung gestellt werden und die Kinder alle vier Bauelemente mit Baumarkt- und Alltagsmaterialien selbst entwickeln.

Ideen für Antriebskonstruktionen (z.B. Gummibandmotor, Abbildung 30) können auch Spielzeuge liefern.

Abbildung 30: Lösungsidee für ein Auto mit Gummibandantrieb

Innerhalb dieses Spektrums sind alle Komplexitätsabstufungen möglich, so dass der Heterogenität innerhalb der Lerngruppe sehr gut entsprochen werden kann, ohne dass Kinder von der Bearbeitung der Problemstellung ausgeschlossen werden müssen.
Für die Präsentation der fertigen Fahrzeuge sollte ein Raum mit einem geeigneten Bodenbelag (kein Teppich) gewählt werden. Wenn mehrere Gruppen an dieser Problemstellung gearbeitet haben, bietet es sich an, im Reflexionsgespräch die Gemeinsamkeiten und Unterschiede der Bauteile der Lösungskonstruktionen herauszuarbeiten und Vergleiche zu Spielzeugen oder Baustellenfahrzeugen zu suchen.

Im Anschluss an die Präsentation schreiben die Kinder die Fortsetzung ihres Geschichtenteils (Abbildung 31), so dass dann alle vier Fortsetzungsteile fertig gestellt sind.

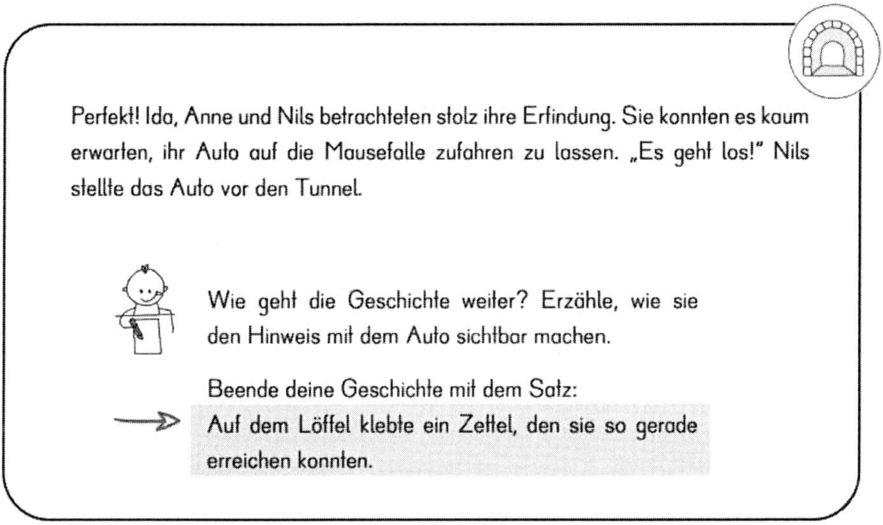

Perfekt! Ida, Anne und Nils betrachteten stolz ihre Erfindung. Sie konnten es kaum erwarten, ihr Auto auf die Mausefalle zufahren zu lassen. „Es geht los!" Nils stellte das Auto vor den Tunnel.

Wie geht die Geschichte weiter? Erzähle, wie sie den Hinweis mit dem Auto sichtbar machen.

Beende deine Geschichte mit dem Satz:

Auf dem Löffel klebte ein Zettel, den sie so gerade erreichen konnten.

Abbildung 31: Impuls zum Weiterschreiben der Geschichte (Tunnelrätsel)

Bei allen Problemstellungen ist der Kreativität keine Grenze gesetzt. Kinder kommen auf unterschiedliche Ideen und das ist ja auch durch die Offenheit und Anlage dieses Unterrichtsprojektes so gewollt. Durch die Vielfalt der gefundenen Lösungskonstruktionen bietet es sich an, in jedem Reflexions- und Auswertungsgespräch auch eine kritische Perspektive bei den Kindern anzuregen. Die eigene Erfindung und auch die der MitschülerInnen kann hierzu mit der Frage danach, wie sie auch noch anders sein könnte, in Frage gestellt werden. Die Distanz zur eigenen Erfindung wird angeregt, damit so auf Metaebene ihre Schwächen und Auslassungen erkannt werden können und sich der Kreis zwischen Konstruktion und Rekonstruktion schließen kann (vgl. Graube 2013, 42).

Alle hier dargestellten Lösungsmöglichkeiten sind nur Ansätze, in welche Richtung Kinder denken könnten. Die Lehrkraft hat während der Arbeitsphase immer die Möglichkeit, die Gruppen zu beraten und ihnen beim Bauen und Konstruieren zu helfen. Ganz bewusst wurde bei der Auswahl der Unterrichtsmaterialien auf Tippkarten verzichtet, da damit die Offenheit stark eingeschränkt worden wäre. Trotzdem kann es sinnvoll sein, bei Bedarf Tipp- oder Hilfekarten auf die eigene Lerngruppe angepasst anzufertigen.

2.2.3 *Zusammenführung der Ergebnisse und Lösen des Rätsels*

Nachdem nun alle Textteile vorliegen, wird die Geschichte zusammengesetzt. Zu jeder Problemstellung entsteht ein eigenes Kapitel, das immer in gleicher Weise aufgebaut ist:

1. Problemstellung (z.B. Treppenrätsel)
2. Rätselzettel bekommen (Text der Kinder)
3. Rätselzettel lesen (z.B. Treppenrätsel II)

Die Integration der selbstgeschriebenen Textteile stärkt das Selbstbewusstsein der Kinder, verschafft ihnen Erfolgserlebnisse und sorgt für ein Gemeinschaftsgefühl innerhalb der Klasse (vgl. Tabelle 1: Merkmal Gemeinschaftsgefühl). Um dies noch zusätzlich forcieren zu können, könnte die Geschichte als PDF-Datei auf der digitalen Lernplattform der Schule oder als gedruckte Broschüre zum Ausleihen zur Verfügung gestellt werden. So hätten die Kinder die Möglichkeit, die Ergebnisse auch ihrer Familie zu zeigen.

Treppenrätsel II (Bilderrätsel)

Die Kinder haben jetzt eure Lösung/Erfindung in der Hand. Wie holen sie damit den Schlüssel herunter? Erzähle die Geschichte weiter.
(Die Kinder schreiben die Geschichte weiter. Sie endet mit: „Stolz hielten sie den Schlüssel hoch.“)

„Jetzt müssen wir nur noch die Kammer finden,“ warf Anne ein. „Habt ihr eine Ahnung?“ – „Sie muss unter Stufen, also einer Treppe versteckt sein,“ ergänzte Nils. „Das kann eigentlich nur die Treppe in der Scheune sein, das ist so ein kleiner Verschlag drunter. Lasst uns probieren, ob der Schlüssel passt.“ Alle drei liefen sie in die Scheune zurück und zu der Stiege, die auf den Heuboden führte. Der Schlüssel passte tatsächlich in das Schloss, und als sie die Tür öffneten, hing an der Innenseite ein kleiner Zettel mit dem Zirkelsymbol. „Schon wieder so ein Bilderrätsel,“ meinte Ida. Und das sahen sie auf dem Zettel:

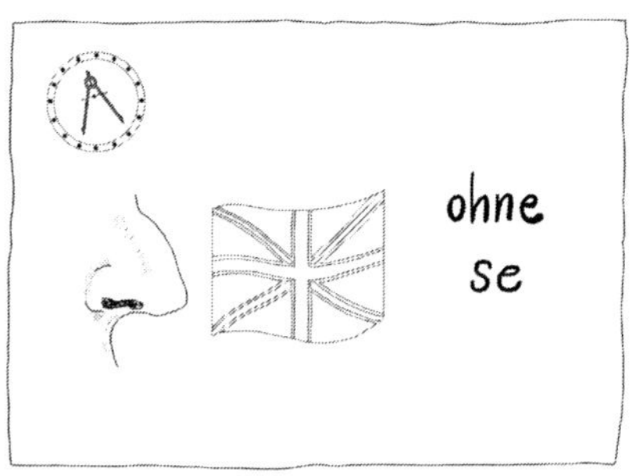

„Bestimmt sind bei den anderen Aufgaben auch solche Zettel versteckt,“ vermutete Nils.

- „Wo sind die anderen Karten?“ fragte Anne. Ida holte den Umschlag aus ihrem kleinen Rucksack, den sie immer dabeihatte. „Hier,“ erwiderte sie.

Abbildung 32: Bilderrätsel zur Problemstellung „Treppe“

Brunnenrätsel II (Bilderrätsel)

Die Kinder haben jetzt eure Lösung/Erfindung in der Hand. Wie holen sie damit die Kiste hoch? Erzähle die Geschichte weiter.
(Die Kinder schreiben die Geschichte weiter. Sie endet mit: „Stolz hielten sie die Kiste hoch.")

„Was ist drin?" fragte Anne ungeduldig. Ida hob vorsichtig den Deckel an und Nils griff mit Daumen und Zeigefinger hinein. „Hier ist ein Zettel drin," sagte er und holte die Hand hervor. „Versteht ihr, was das bedeuten soll?" Alle drei starrten auf den Zettel und schüttelten den Kopf. „Das muss irgendein Code oder ein Rätsel sein," vermutete Ida. Und das sahen sie auf dem Zettel:

„Für sich alleine ergibt die Lösung bestimmt keinen Sinn. Ich glaube, dass wir das Rätsel erst lösen können, wenn wir alle Aufgaben erledigt haben," meinte Nils.

„Wo sind die anderen Karten?" Ida holte den Umschlag aus ihrem kleinen Rucksack, den sie immer dabeihatte. „Hier," erwiderte sie.

Abbildung 33: Bilderrätsel zur Problemstellung „Brunnen"

Rohrrätsel II (Bilderrätsel)

Die Kinder haben jetzt eure Lösung/Erfindung in der Hand. Wie holen sie damit den Schlüssel herunter? Erzähle die Geschichte weiter.
(Die Kinder schreiben die Geschichte weiter. Sie endet mit: „Stolz hielten sie die Kugel hoch.")

„Da muss etwas drin sein," flüsterte Ida, die vor Aufregung ganz rote Wangen hatte. Anne öffnete den Behälter vorsichtig. Darin lag ein kleiner Zettel mit dem Zirkelsymbol. „Du hattest recht, Nils. Es ist wieder so ein Rätsel," sagte Anne. Und das sahen sie auf dem Zettel:

„Jetzt müssen wir nur noch den vierten Zettel finden, dann können wir das Rätsel lösen." Nils schaute die beiden Mädchen erwartungsvoll an.

„Wo sind die anderen Karten?" Ida holte den Umschlag aus ihrem kleinen Rucksack, den sie immer dabeihatte. „Hier," erwiderte sie.

Abbildung 34: Bilderrätsel zur Problemstellung „Rohr"

Tunnelrätsel II (Bilderrätsel)

Die Kinder haben jetzt eure Lösung/Erfindung in der Hand. Wie machen sie damit den Hinweis sichtbar? Erzähle die Geschichte weiter.
(Die Kinder schreiben die Geschichte weiter. Sie endet mit: „Auf dem Löffel klebte ein Zettel, den sie so gerade erreichen konnten.")

„Wie zu erwarten, ist das wieder ein Bilderrätsel. Mit den anderen zusammen ergibt sich bestimmt irgendetwas." Ida runzelte die Stirn.
Und das sahen sie auf dem Zettel:

„Also, lasst uns mal nachdenken. Hast Du die Schatzkarte dabei?" fragte Nils und sah Ida an. Sie nahm sofort ihren kleinen Rucksack ab und öffnete ihn.

Abbildung 35: Bilderrätsel zur Problemstellung „Tunnel"

Abbildung 36: Arbeitsblatt zum Lösen der Bilderrätsel

Ziel aller Erfindungen war es, einen Zettel mit einem Bilderrätsel zu finden, um ein Lösungswort herauszubekommen. Die Protagonisten der Geschichte halten nun alle vier Bilderrätsel in den Händen und versuchen, das Lösungswort herauszufinden. Diesen Prozess können alle Kinder in der Klasse gemeinsam nachvollziehen, indem sie selbst auch versuchen, die Rätsel zu lösen (Abbildung 36). Damit das gelingt, ist nicht nur Querdenken erforderlich, sondern auch immer wieder Wortschatzarbeit. Es müssen Synonyme gefunden werden, um die passenden Begriffe zu finden. Die Bilderrätsel sind absichtlich unterschiedlich schwer („Sessel ohne Se“ ist beispielsweise einfacher als „Kiesel ohne Esel“). So hat jedes Kind ein Erfolgserlebnis und die schwierigeren Rätsel können im Team gut gelöst werden. Am Schluss müssen die Buchstaben nur noch in die richtige Reihenfolge gebracht werden. Da der Lösungsprozess auch Teil der Geschichte ist, kann dieser Abschnitt als zusätzliche Hilfe eingesetzt werden. Man kann z.B. die Kinder einmal „spicken“ lassen, indem einzelne Auszüge vorab zum Lesen gegeben werden. Beim Vorlesen des letzten Teils der Geschichte „Popcorn für alle“ (Abbildung 38) können nun alle Kinder ihre Lösungen überprüfen, was Lösungszettel und Partnerkontrolle unnötig macht. Der krönende Abschluss für die intensive Arbeit der Klasse wäre eine Filmstunde mit Kinoatmosphäre. Inhaltlich passend und für die Kinder wahrscheinlich unbekannt, wäre die beliebte Serie um den genialen Erfinder „Dr. Snuggles“, der für jedes Problem eine Lösung parat hat.

Abbildung 37: Illustration zum Schlusskapitel „Popcorn für alle“

Popcorn für alle

„Hast Du die Schatzkarte dabei?" fragte Nils und sah Ida an. Sie nahm sofort ihren kleinen Rucksack ab und öffnete ihn. Nach kurzem Kramen hielt sie triumphierend die Karte hoch. Anne nahm sie ihr aus der Hand und sagte mit Blick auf die Symbole: „Es sind insgesamt 4 verschiedene Bilder, die für die einzelnen Aufgaben stehen. Es sieht so aus, als hätten wir alle Aufgaben gelöst." – „Dann müssen wir nur noch verstehen, was mit den Bilderkarten gemeint ist," unterbrach Nils. Sie legten die Karten vor sich auf den Boden. „Hmm, hier ist ein Käse ohne Kä, dann bleibt se übrig," begann Ida. „Ich schreib das mal auf einen Zettel." Anne fuhr fort: „Hier ist eine Nase mit einer englischen Fahne daneben. Was heißt Nase auf Englisch?" – „Nose, aber das weißt du doch selber," antwortete Nils mit einem Grinsen. „Jetzt ist das se gestrichen, bleibt no. Komisch, mit dem anderen Rätsel zusammen gibt das wieder nose oder seno. Was haben wir denn noch?"
Ida hob die nächste Rätselkarte hoch. „Ein Sessel ohne Se, also ssel. Senossel? Nosessel? Ich werde da nicht schlau draus." – „Wir brauchen ja auch noch die 4. Karte," ergänzte Anne. „Da sind Steine ohne Esel drauf. Hä? Steine haben doch gar kein Esel drin." Nils hatte eine Idee. „Dann müssen wir ein anderes Wort für Steine finden, so was wie Klunker oder Ziegel." – „Kiesel!" rief Ida, „da ist ein Esel drin." Sie stutzte einen Augenblick und musste dann prustend lachen. Anne und Nils stimmten mit ein. „Das ist wirklich lustig, Kiesel ohne Esel, hihi. Aber im Ernst, was bleibt ist das Ki." Anne überlegte einen Moment und dann platzte es aus ihr heraus: „Kinosessel!! Das ist es. Opa Peer hatte doch am Anfang von einer möglichen Belohnung gesprochen, wenn wir das Rätsel lösen. Ich kann mir jetzt auch denken, was es ist!" Ohne noch weiter abzuwarten, rannten die drei Kinder ins Haus und fanden Oma Lina in der Küche. „Oma, wir haben Opas Rätsel rausgekriegt," rief Nils, noch bevor sie alle in der Küche angekommen waren. Oma Lina drehte sich verwundert um und sah die drei lange an. „Soso, ihr habt es also herausbekommen. Ich habe mich schon die ganze Zeit gefragt, wo ihr denn wohl steckt, wir haben uns ja nur noch zu den Mahlzeiten gesehen, und selbst da schient ihr überhaupt keine Zeit zu haben." – „Entschuldige Oma, aber die Schnitzeljagd war so spannend und es war auch so viel zu überlegen und auszuprobieren, dass wir die Zeit ganz vergessen haben," erklärte Anne. „Aber du brauchst dich doch nicht zu entschuldigen, Anne. Hauptsache, es hat euch Freude gemacht." – „Sehr sogar, Oma," sagten Nils und Anne fast gleichzeitig und sahen sich überrascht an. Dann mussten sie beide lachen, denn inzwischen verstanden sich die beiden richtig gut. Das war auch Oma Lina nicht entgangen und zufrieden lächelnd bat sie die Kinder, ihr zu folgen, um Opa Peer zu suchen. Sie fanden ihn beim Apfelpflücken auf dem Campus. Als er sie kommen sah, stieg er von der Leiter herunter und schaute alle erwartungsvoll an. Ida holte Luft und begann: „Opa Peer, wir haben die geheime Botschaft entschlüsselt, glauben wir. Es ist das Wort Kinosessel. Kannst du uns verraten, was damit gemeint ist?" Opa Peer kratzte sich am Kopf. „Das ist also die geheime Botschaft? Das trifft sich zufällig gut mit meiner Idee, euch zum Ende eurer Ferien bei uns zu einem Kinobesuch mit allem Drumherum einzuladen." Weiter kam er nicht, denn jubelnd umarmten ihn Anne, Ida und Nils, denen erst langsam bewusstwurde, dass ihre Ferien bei Oma Lina und Opa Peer tatsächlich schon dem Ende zugingen. Die zwei Wochen waren ihnen viel kürzer vorgekommen, und dass sie so spannend verlaufen würden, hätten sie sich nicht träumen lassen.

Abbildung 38: Schlusskapitel der Geschichte „Opa Peers Schnitzeljagd"

3 Erfindungen – Kleine Alltagshelfer entdecken

Stand im Kapitel 2 vor allem der Prozess des Hervorbringens von Technik im Vordergrund, so geht es in der folgenden Unterrichtsidee um den Umgang mit der gestalteten Welt. Es wird ein Perspektivenwechsel vom Gestalten zum Analysieren vorgenommen: Nicht mehr das eigene Konstruieren und das eigene technische Objekt stehen im Zentrum, sondern die Konstruktionen und Erfindungen anderer, die es in ihrer Komplexität aus verschiedenen Perspektiven zu analysieren gilt.

3.1 Fachdidaktische Grundlagen

Ausgangspunkt für jede technische Entwicklung ist der Mensch. Er ist eingebunden in die ihn umgebende Welt und strebt danach, das technisch Machbare zu realisieren, um vorhandene Bedürfnisse zu befriedigen. Alle technischen Gegenstände werden folglich auf diese Bedürfnisse hin entworfen (vgl. Binder 2020, 58), so dass technische Entwicklungen immer mit komplexen Wechselbeziehungen zwischen Technik, Umwelt, Gesellschaft, Ökologie sowie Ökonomie einhergehen (vgl. Ropohl 2009, 27; Banse 2013; Zolg & Mammes 2015, 144). Diese vielfältigen Dimensionen und Perspektiven werden besonders dann für den Sachunterricht wirksam, wenn Erfindungen ‚entdeckt', d.h. systematisch analysiert und auch mit den Augen des Konstrukteurs erschlossen werden (vgl. Zolg & Mammes 2015, 213). Das Entdecken technischer Objekte und Phänomene vernetzt so auf selbstverständliche Weise verschiedene Zugangsweisen und entspricht in besonderer Weise vielperspektivischem Sachunterricht.

3.1.1 Technische Analyse als entdeckender Zugang zur Technik

Das Entdecken in Form einer technischen Analyse ist der methodische Zugang zum Verstehen und Beschreiben (komplexer) technischer Systeme (Systemanalyse) (vgl. Jenewein & Pahl 2016, 139) oder technischer Objekte (Produktanalyse) (vgl. Pahl 2016). Es handelt sich um ein abstrakt-handlungsorientiertes Verfahren, da hierbei analytisches Denken mit handelnder Auseinandersetzung eng verknüpft ist.

Die *Systemanalyse* geht von der Beschreibung eines Systems und seiner Einzelelemente aus, analysiert diese unter verschiedenen, auch sozio-technischen, Gesichtspunkten und nimmt eine Bewertung vor (vgl. Jenewein & Pahl 2016, 141). Zum einen können so Vorzüge und Unzulänglichkeiten eines technischen Systems aufgedeckt werden, weshalb die technische Analyse ein wichtiges Instrument der Qualitätssicherung ist. Zum anderen ist sie das zentrale Verfahren jedes Reparaturvorgangs, da sich so Fehler und ihre Ursachen ergründen lassen (vgl. Hüttner 2009, 194). Während in der Systemtheorie der Technik der Schwerpunkt eher auf technische Großsysteme und ihre öko- und soziotechnischen Zusammenhänge gelegt wird (vgl. Ropohl 2009, 27), sind für den Sachunterricht einzelne technische Objekte zu wählen, die folgende Kriterien erfüllen sollten:

- **Alltagsbezug:** Das technische Objekt sollte Bestandteil des Alltags der Kinder sein.
- **Zweck und Funktion:** Die Funktionalität und der Zweck des Gesamtsystems müssen erkennbar sein.
- **Montierbarkeit:** Das technische Objekt muss de- und remontierbar sein (auch angepasst an die motorischen Fähigkeiten der Kinder).
- **Verständlichkeit der Teilsysteme:** Die Funktion jedes Bauelements im Gesamtsystem muss erkennbar sein.
- **Verständlichkeit des Gesamtsystems:** Das Gesamtsystem sollte nicht zu komplex, sondern für die Kinder erfassbar sein.

Für eine technische Systemanalyse im Sachunterricht eignen sich vor allem mechanische Geräte (Haushaltshelfer, Maschinen, Werkzeuge) und technische Spielzeuge. Sobald diese als Realobjekte zum Gegenstand des Unterrichts werden, müssen sie in den Klassenraum gebracht und damit aus ihrer Einbindung in die Lebenswelt gelöst werden. Es besteht die Gefahr, dass sie dabei für die Kinder von ihren Sinnzusammenhängen getrennt werden (vgl. Binder 2020, 43). Wenn die Objekte allerdings aus der Lebenswirklichkeit der Kinder stammen, sind den Kindern Herkunft, Verwendungs- und Spielmöglichkeiten sowie ihre soziotechnische Relevanz bekannt (vgl. ebd., 46). Darüber hinaus sind die Funktionszusammenhänge bei Haushaltshelfern wie z.B. einem Tretmülleimer, einer Wäscheklammer oder einer Salatschleuder für Kinder erfassbar und analysierbar. Der Gegenstand kann als Realobjekt in den Unterricht einbezogen werden, was eine handelnde Auseinandersetzung mit ihm ermöglicht. Mechanische Geräte erfüllen also alle oben aufgeführten Kriterien, so dass durch die technische Analyse das kritische Hinterfragen technischer Lösungen und Entwicklungen als zentrale Eigenschaft eines technisch gebildeten Menschen gefördert werden kann (vgl. Binder 2020, 19). Die

Analyse von elektrischen Geräten sollte aufgrund ihrer Komplexität und des von ihnen ausgehenden Gefahrenpotenzials gut überlegt sein. Sie muss mit einer Lerneinheit zur Sicherheit im Umgang mit strombetriebenen Geräten einhergehen und ist daher für die unteren Klassenstufen der Grundschule nicht geeignet ist. Darüber hinaus müssen stromführende Teile (Stecker und Kabel) vor dem Öffnen der Geräte entfernt werden (vgl. Gernhöfer 2013, 13).

Die *Produktanalyse* nimmt den Aufbau und die Funktion eines technischen Objektes in den Blick. Im Vordergrund stehen funktions- und materialbedingte Formgebung, mechanische Funktionszusammenhänge und der bedarfsabhängige Zweck (vgl. Wilkening 1982, 53). Nicht die systemischen Ursache-Wirkungsprinzipien leiten die Analyse, sondern Kriterien, die Entstehungs-, Verwendungs- und Folgenzusammenhänge von Technik fokussieren (Tabelle 2) (vgl. Pahl 2016, 156; Binder 2020, 66). Die Zielrichtung der Produktanalyse ist eine gänzlich andere als die der Systemanalyse. Während es bei der Systemanalyse um die technische Funktionalität geht, setzt sich die Produktanalyse die Bewertung eines Produktes zum Ziel.

Tabelle 2: Ausgewählte Kriterien einer Produktanalyse

Nutzerbezogene Aspekte	Technische Funktionsstruktur	Ökonomie/ Ökologie
Handhabung	Material und Form	Entsorgbarkeit
Design	Funktion	Reparatur
Preis	Nutzungsmöglichkeiten	Effizienz
Persönliche Bedeutsamkeit	Tech. Entwicklung: gestern, heute, morgen	Haltbarkeit

Da die Funktionszusammenhänge auf Produktebene weniger komplex sind, kann die Produktanalyse im Sachunterricht als Einführung in die technische Systemanalyse genutzt werden. Wesentliche analytische Handlungsschritte (v.a. Erarbeitung und Begründung von Analysekriterien, kriterienorientiertes, strukturiertes Vorgehen) können dabei eingeführt und reflektiert werden.

Die Durchführung jeder technischen Analyse (Produkt- oder Systemanalyse) stellt grundsätzlich hohe Anforderungen an die Kinder, da es sich um ein komplexes Verfahren handelt, das eine strukturierte Umsetzung erfordert. Die wesentlichen Aufgaben sind Beobachten, Ermitteln, Messen, Protokollieren und Auswerten gewonnener Informationen (vgl. Hüttner 2009, 194). Für die Lehrkraft ergeben sich jedoch einige Möglichkeiten, der Heterogenität innerhalb der Lerngruppe gerecht zu werden. Durch die Anpassung der Komplexität des Systems oder Produktes, aber auch durch die Anzahl der Analysekriterien kann das Niveau der technischen Analyse verändert werden, ohne dass eine äußere Differenzierung notwendig wird.

Technische Analysen können nicht nur in handelnder Auseinandersetzung am Realobjekt umgesetzt werden, sondern auch auf theoretischer Ebene. Dann werden alle Analyseschritte ausschließlich gedanklich durchgeführt (z.B. Zerlegung in Einzelteile) (vgl. ebd.). Im Sachunterricht könnten z.B. Werke bedeutender Erfinderinnen und Erfinder wie Karl Drais (Zweirad) oder Melitta Bentz (Kaffeefilter) recherchiert und nachvollzogen werden. Da die Erfindungen in der Regel nicht als Realobjekte zugänglich sind, müssen sie mit Hilfe von Fotos oder Animationen analysiert werden. Die rein kognitive Analyse der Sachzusammenhänge erfordert eine große Abstraktionsleistung, was für Kinder im Grundschulalter mitunter schwierig sein kann. Für eine Systemanalyse sind historische Erfindungen daher weniger gut geeignet. Allerdings eignet sich die historische Sicht auf Erfindungen dazu, die Bedingungen für ihren Erfolg herauszuarbeiten und die Perspektive eines Menschen in einer anderen Zeit einzunehmen (vgl. Michalik 2013, 20), was dann Bestandteil einer Produktanalyse sein könnte.

Wie bei allen fachspezifischen Arbeitsweisen sind auch bei der technischen Analyse die methodische Einführung und Reflexion von großer Bedeutung, um die Methodenkompetenz der Kinder zu erweitern. Die einzelnen Phasen der technischen Analyse (in Anlehnung an Hüttner 2009, 194 und Pahl 2016, 157f.) (Abbildung 39) sollten vor dem Beginn erarbeitet werden und während der Umsetzung als Handlungsgrundlage dienen. Sie gelten für die Produkt- und Systemanalyse gleichermaßen, die Analysekriterien und die Bewertung sind entsprechend der Ziele der Analyse auszurichten. Anhand der einzelnen Handlungsschritte kann nach der abgeschlossenen Analyse auch der Lernprozess reflektiert und so einen Beitrag zum Aufbau eines metakognitiven Methodenbewusstseins geleistet werden. Aus den einzelnen Arbeitsschritten und den ausgewählten Analysekriterien wird deutlich, dass es sich um ein erkenntnisgewinnendes Verfahren handelt, das praktische und theoretische

Elemente enthält. Je nach Auswahl der Analysekriterien kann die Entwicklung eines Objektes oder Systems im zeitlichen Verlauf (wie hat sich das Objekt oder System in Laufe der letzten X Jahre weiterentwickelt?) genauso betrachtet werden wie philosophische Fragen (Wie wäre mein Leben ohne dieses Objekt?).

1. Auswahl des Systems/ des Objektes
2. Ermittlung des Gebrauchszwecks
3. Entwicklung einer Analysestrategie (Ziele der Analyse, Planung der Vorgehensweise)
4. Festlegen von Analysekriterien
5. Beschreibung der System-/ Objektfunktionen
6. Konkretisierung der System-/ Objektbestandteile
7. Analyse der Systemstruktur
8. Reflexion und Bewertung der Analyseergebnisse
9. Präsentation der Ergebnisse

Abbildung 39: Phasen der technischen Analyse

Die technische Analyse der im folgenden vorgestellten Unterrichtsidee „Kleine Alltagshelfer entdecken“ legt einen besonderen Schwerpunkt auf affektive Komponenten, da die Kinder...

a) ... einen Gegenstand wählen, der sie aus verschiedenen Gründen besonders interessiert und fasziniert. Diese Gründe werden vor, während und nach der technischen Analyse immer wieder reflektiert und neu bewertet.
b) ... mit Hilfe der leitenden Fragen während der technischen Analyse immer wieder die humane Dimension der Technik (Beziehungen zwischen Menschen und Technik) in den Blick nehmen (z.B. Wozu verwende ich den Gegenstand? Wie bewerte ich ihn? Wie wäre mein Leben ohne diesen Gegenstand?).

Um diese emotionale Komponente des Entdeckens zur Stärkung eines positiven Selbstbildes im Umgang mit Technik zu nutzen, sollte das strukturierte Vorgehen den methodischen Kern des Unterrichts bilden. Erfolgserlebnisse bleiben so nicht dem Zufall überlassen, sondern sind als Ergebnis einer kriteriengeleiteten technischen Analyse zu sehen. Kinder lernen in einer strukturierten Offenheit und beschreiten dabei individuelle Wege. Das besondere Lernpotenzial des Entdeckens entfaltet sich durch die Verflechtung affektiver, ästhetischer und technischer Zugangsweisen, die nicht nur der Heterogenität der Lerngruppe in besonderer Weise entspricht, sondern auch den vielfältigen Dimensionen und Erkenntnisperspektiven der Technik (vgl. Ropohl 2009, 32).

3.1.2 Lernchancen beim Entdecken

Durch den schnellen technischen Fortschritt wächst die Bedeutung von Technik für nahezu alle Bereiche der Gesellschaft stetig. Auch wenn Technik und die Ergebnisse technischer Entwicklungen häufig als zukunftsweisend, wohlstandssichernd und komfortsteigernd wahrgenommen werden, sind unerwünschte Folgen wie z.B. Klimaveränderungen nicht zu übersehen (vgl. Grunwald 2016, 24f., acatec & Körber Stiftung 2020, S. 6). Diese Ambivalenz ist untrennbar mit technischen Entwicklungen verbunden und muss sich somit auch in technischen Bildungsprozessen widerspiegeln. Ein Unterricht *über* Technik, der ausschließlich aus Werkzeugtechnik oder aus Lehrgängen zu Konstruktions- und Fertigungsverfahren besteht, würde zu kurz greifen. Vielmehr müssen Interessens- und Zielkonflikte erkannt und verstanden werden, Handlungsoptionen abgewogen und technische Entscheidungen reflektiert werden (vgl. Binder 2020, 22). Durch den vielperspektivischen, lebensweltbezogenen Zugang zu technischen Objekten und Systemen kann das Entdecken vielfältige Lernchancen eröffnen, die einen kritischen Blick auf verschiedene Aspekte technischer Grundbildung ermöglichen (vgl. GDSU 2013, 65ff.; Binder 2020, 23ff.; Graube 2016b, 104f.):

- Nutzungs- und Anwendungsbereiche von Technik im Alltag
- Entstehungs- und Nutzungszusammenhänge technischer Gegenstände und Verfahren
- Zukunftsfähigkeit technischer Entwicklungen
- Folgewirkungen auf Umwelt und Gesellschaft
- Fragen zur Nachhaltigkeit technischer Entwicklungen

- Bedingungszusammenhänge von Technik, Arbeit und Wirtschaft
- technische Entwicklungen im historischen Rückblick

Lernangebote zum Entdecken können in besonderer Weise eine differenzierte und reflektierte Haltung zu Technik sowie die Wertschätzung der Haltung anderer fördern. Darüber hinaus werden die eigenen Interessen (z.B. als Nutzer technischer Objekte und Systeme) in Relation zu den Interessen anderer (z.B. Hersteller technischer Objekte und Systeme) gesetzt und kriteriengeleitet bewertet. Abbildung 40 gibt einen Überblick über mögliche Lernchancen im Zusammenhang mit dem Entdecken im Sachunterricht und differenziert sie nach Lernchancen im Bereich der Sozialkompetenz, der Kommunikationsfähigkeit, der Persönlichkeitsentwicklung und in Bezug auf grundlegende technische Kompetenzen.

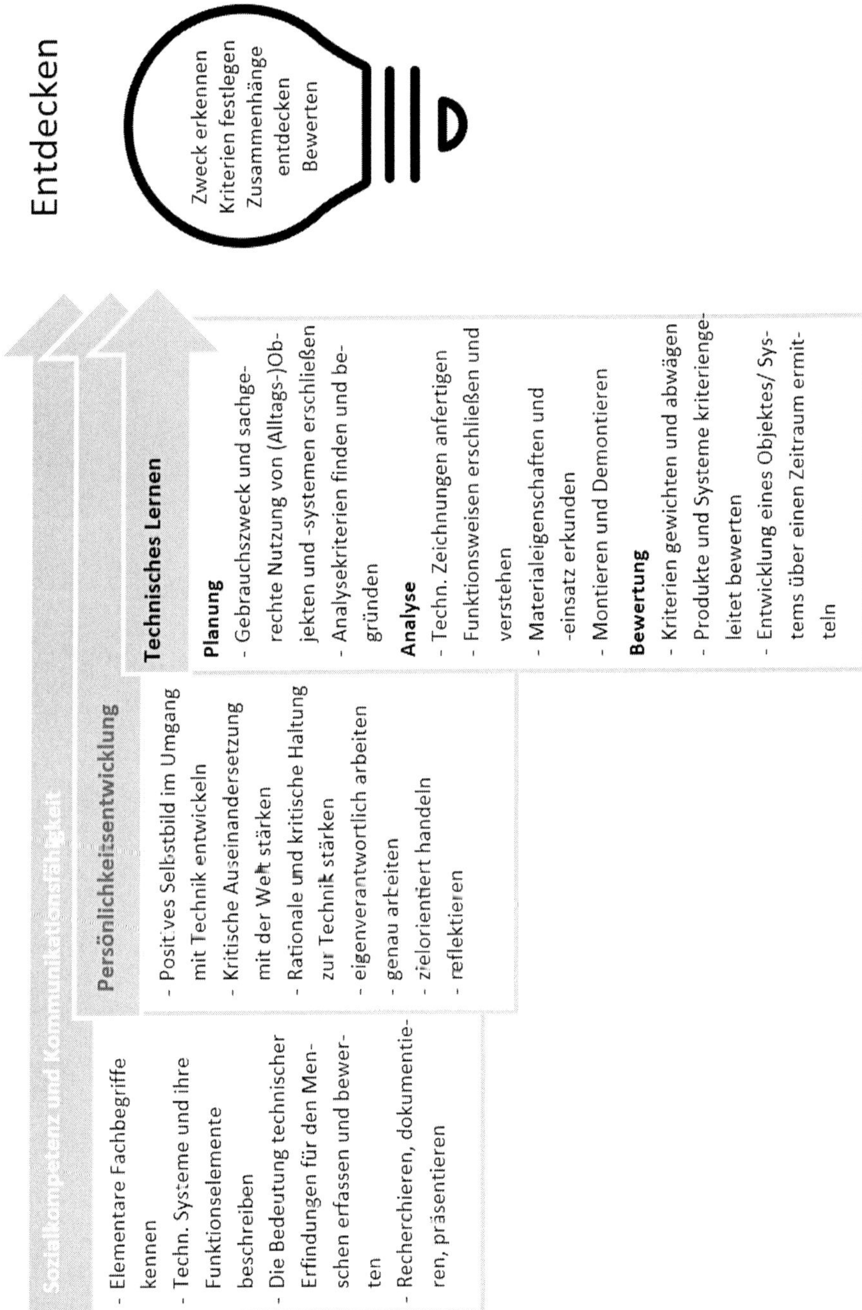

Abbildung 40: Lernchancen beim Entdecken

3.2 Unterrichtspraktische Umsetzung

Der Unterrichtsvorschlag rund um das Entdecken kleiner Alltagshelfer soll Jungen und Mädchen gleichermaßen ansprechen. Studien zeigen, dass Mädchen weniger positiv technischen Objekten gegenüberstehen als Jungen (vgl. Adenstedt 2018; Mammes 2001). Die Förderung des technischen Blicks auf selbst gewählte Alltagsgeräte ermöglicht einen positiv assoziierten Zugang zur Technik. Die Einfachheit der Systemzusammenhänge kann Begeisterung und Faszination für Technik auslösen, gerade als Kontrast zu immer undurchschaubareren hochkomplexen Systemen des Alltags. Kinder erleben durch eine so angelegte technische Analyse, dass es sich lohnt, genau hinzuschauen, zu hinterfragen, zu analysieren und schließlich zu verstehen. Diese Erfahrungen des Durchschauens und der Selbstbestimmung lösen bei Kindern Glück und Zufriedenheit aus (vgl. Binder 2020, 233ff.). Sie wirken sich v.a. für Mädchen positiv auf zukünftige technische Herausforderungen und die Erhaltung von Interesse an technischen Fragestellungen aus (vgl. Endepohls-Ulpe 2011, 51).

Auch wenn im Zentrum der vorgestellten Unterrichtskonzeption eine fachspezifische Arbeitsweise steht, darf sie nicht auf ihren Beitrag zur Entwicklung von Methodenkompetenz reduziert werden. Der forschende Zugang, die Beteiligung der Kinder an der Unterrichtsplanung und -gestaltung sowie das vielperspektivisch angelegte Thema lässt einen Sachunterricht im Spannungsfeld von Kind, Sache und Welt entstehen, der vielfältige Prinzipien berücksichtigt:

- Vielperspektivität
- Lebensweltbezug
- Ausgehen von Kinderfragen
- Kognitive Aktivierung
- Anregung vielfältiger Kommunikationsprozesse
- Methodenvielfalt
- Lernen in sinnstiftenden Kontexten

Die Bedeutsamkeit dieser Prinzipien steht im direkten Zusammenhang fachdidaktischen Grundlagen zur Unterrichtsidee (Kapitel 3.1). Auch in den weiteren Ausführungen zur unterrichtspraktischen Umsetzung wird immer wieder darauf Bezug genommen und einzelne Prinzipien werden weiter ausdifferenziert und erläutert.

3.2.1 *Grobstruktur des Unterrichts*

Pippi Langstrumpf macht vor, was die meisten Kinder lieben. Sie ist Sachensucherin aus Leidenschaft und schenkt Gegenständen Aufmerksamkeit, die von anderen unbeachtet bleiben. In der Kindheit ist der Tätigkeits- und Explorationsdrang besonders stark vorhanden, so dass das Suchen, Sammeln und Ordnen von Gegenständen dem kindlichen Naturell entspricht (vgl. Fischer & Wittkowske 2014, 5). Kinder lernen durch das Sachensuchen nicht nur etwas über die Dinge, sondern auch mit den Dingen und durch die Dinge (vgl. Blaseio 2019, 34). Durch die Befragung eines Gegenstandes (z.B. Was tut das Ding, was „kann" es?) wird er gewissermaßen zum Sprechen gebracht. Fachdidaktisch betrachtet nähern sich Kinder so dem Gegenstand sachbezogen, gewinnen Erkenntnisse in Bezug auf ausgewählte Kriterien, präsentieren diese und berücksichtigen dabei zentrale Denk-, Arbeits- und Handlungsweisen (vgl. Schomaker 2018b, 3). Genau hier setzt das vorgestellte Lehr-Lernangebot „Sachensucher – Ein goldener Rahmen für kleine Alltagshelfer" an. Kinder werden dazu motiviert, die Welt um sie herum mit offenen Augen wahrzunehmen und gezielt kleine Helfer auszusuchen, denen sie bisher wenig Aufmerksamkeit geschenkt haben. Ihre besondere Faszination soll am Ende der Einheit mit Hilfe einer Ausstellung zum Ausdruck gebracht werde. Jeder Gegenstand wird dazu in einem goldenen Rahmen inszeniert (aus Pappe oder ein Bilderrahmen), wie ein Star im Rampenlicht (Abbildung 41). Es entsteht eine Ausstellung ähnlich der Wunderkammer des Alltags (Elschenbroich 2010), die zum Hinterfragen, Entdecken und Philosophieren über Klassengrenzen hinaus einladen kann.

Abbildung 41: Wäscheklammer im Rahmen

Durch die Vorgabe, kleine *Helfer* zu wählen, wird die Aufmerksamkeit zunächst auf den Verwendungszweck gelenkt. Im weiteren Verlauf der Einheit kommen dann aber noch andere Analysekriterien hinzu, die unter Umständen auch bisher verborgene Aspekte des Gegenstandes sichtbar machen. Sollten die Kinder noch keine Vorkenntnisse im Bereich der technischen

Analyse haben, empfiehlt es sich, vorbereitend die Produktanalyse einzuführen (vgl. Kap. 0). Die verschiedenen Gadgets in der Technikbox (z.B. Erdbeergrünpinzette, Sockenclips, Tubenquetscher oder Kiwientkerner) sind den meisten Kindern unbekannt, so dass sie durch die Produktanalyse anhand des Aussehens, der Funktionen oder des Materials begründete Vermutungen anstellen müssen, wozu der Gegenstand verwendet werden könnte. Eine anschließende Diskussion darüber, ob es hilfreiche Erfindungen oder eher Spielereien sind, bildet die Überleitung zu den kleinen Helfern des Alltages.

Ausgehend von der Funktionsweise eines Kugelschreibers werden die Handlungsschritte der technischen Systemanalyse gemeinsam mit den Kindern erarbeitet, umgesetzt und reflektiert. Technikdidaktisch bilden die Phasen jeder technischen Analyse (vgl. Abbildung 39) hierfür die Grundlage, die jedoch für den Grundschulunterricht in Wortwahl und Formulierung dem Sprachvermögen der Kinder angepasst werden müssen. Konkrete Leitfragen führen die Kinder durch die einzelnen Analyseschritte, wodurch eine Befragung des Gegenstandes zu verschiedenen Schwerpunkten angestoßen wird. Diese erfolgt idealerweise in Partnerarbeit, da so Kommunikationsanlässe geschaffen und in der Abschlussreflexion zahlreiche Analysekriterien zusammengetragen werden können (z.B. Warum gibt es Kugelschreiber mit Verschlusskappe und welche ohne? Warum gibt es Kugelschreiber aus unterschiedlichem Material? Warum sind Kugelschreiber häufig Werbegeschenke? Wie lange gibt es Kugelschreiber bereits? Worin liegen die Vorteile gegenüber anderen Schreibgeräten?). Diese dienen als Anregung für die selbstständige Analyse der *eigenen* Alltagshelfer. Abbildung 42 zeigt die vier zentralen Schwerpunkte der Unterrichtseinheit im Überblick.

Es ist offensichtlich, dass die fachspezifische Methode die Struktur der Einheit bestimmt. Der Aufbau von Methodenkompetenz kann jedoch nur dann gelingen, wenn die Methode an einen konkreten Inhalt gebunden ist (Reeken 2017, 14). Den Kindern muss also zu jedem Zeitpunkt das Ziel ihres Lernens bewusst sein: die Planung und Organisation einer Ausstellung. Sie muss zur Sache der Kinder werden, damit sie sich wie ein roter Faden durch die Einheit zieht und so für die Kinder einen sinnstiftenden Kontext bildet. Denkbar wäre z.B. eine Vitrine im Sachunterrichtsfachraum oder in der Pausenhalle, die durch Denkanstöße für Besucher oder weiterführende Beschreibungen zu den Exponaten ergänzt wird.

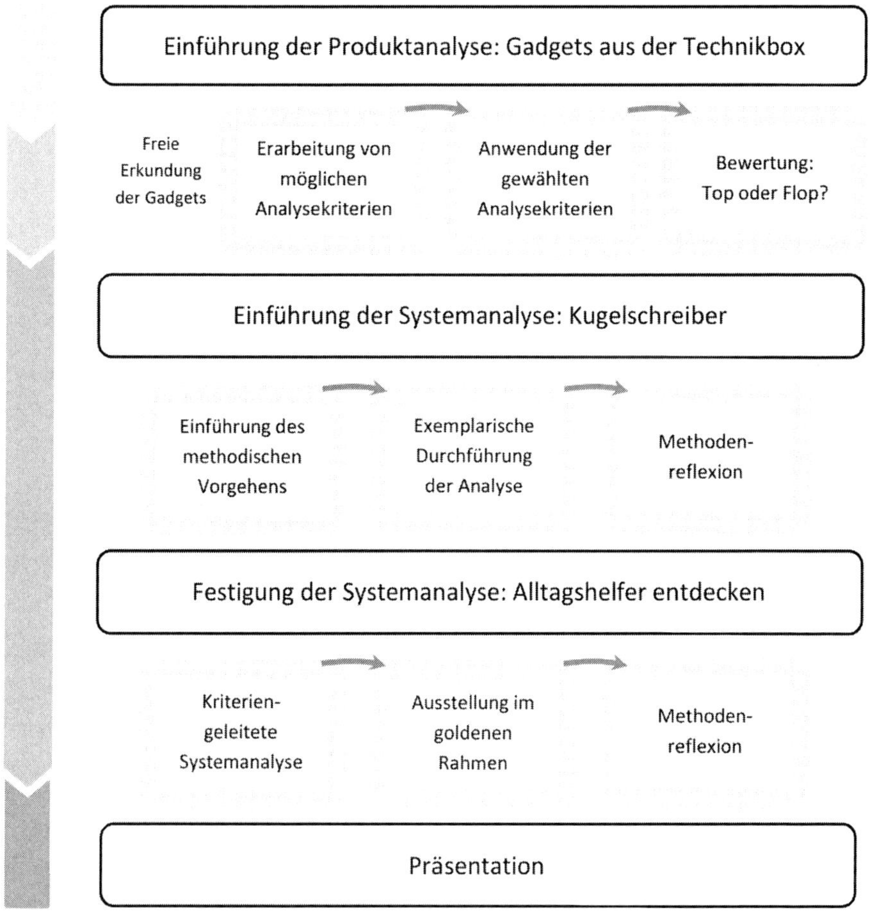

Abbildung 42: Grobe Unterrichtsstruktur der Einheit „Entdecken"

3.2.2 Feinplanung und Unterrichtsmaterialien

1. Sequenz: Einführung der Produktanalyse mit Hilfe von Gadgets

Ziel der Produktanalyse ist es, den technischen Blick zu schulen, Materialeigenschaften und Formgebung mit dem Anwendungszweck in Verbindung zu bringen und abschließend eine begründete Bewertung vorzunehmen. Da Gadgets immer eine besondere Funktion haben, die zum Staunen und Lachen bringen kann, eignen sie sich in besonderer Weise als Einstieg in die Einheit. Grundsätzlich könnten aber auch andere Produkte gewählt werden. Wichtig ist nur, dass sie als Realobjekte verfügbar sind.

Die hier gewählten Gadgets zeichnen sich durch folgende Merkmale aus:

- **Größe:** Sie sind klein.
- **Funktion:** Sie besitzen eine besondere technische Funktion, die den Kindern nach Möglichkeit noch nicht bekannt ist.
- **Design:** Sie haben ein auffälliges Design in Farbe und/ oder Form, das Hinweise auf ihren Verwendungszweck geben kann.
- **Analysefähigkeit:** Verwendungsweise und Systeme (falls vorhanden) sind für Kinder erfassbar und werden mechanisch betrieben. Strombetriebene Gadgets eignen sich nicht.

Abbildung 43 zeigt eine Auswahl möglicher Gadgets, die für eine Produktanalyse geeignet wären (Bestellmöglichkeiten finden sich viele, wenn man die Begriffe über eine Suchmaschine im Internet sucht):

1 *Easy Egg* Ei-Trenner
2 *Stoppy* Türstopper
3 *Sockstar* Sockenclip
4 Kiwischneider
5 Taschenstopper
6 *Canper* Dosenverschluss
7 Erdbeerstrunkentferner
8 *MoBiDo* Türöffner
9 Tubenquetscher
10 *Teaboy* Tee-Zubereiter
11 *KippCap* Wespenschutz für Flaschen
12 Mini-Teebeutelhalter
13 *Lollipop* Glas- und Flaschenöffner

Bei manchen Gadgets gibt das Design bereits wichtige Hinweise darauf, wofür das Gadget verwendet werden könnte (z.B. beim Erdbeerstrunkentferner). Andere Gegenstände lassen sich kaum durch Form und Material erschließen (z.B. beim MoBiDo), so dass hier Tipps notwendig werden:

- Bei fast allen Dingen handelt es sich um Haushaltshelfer.
- Ein Ding soll in der Erkältungszeit verhindern, dass man sich ansteckt.
- Zwei Dinge benötigt man zum Öffnen und Schließen.
- Sechs Dinge benötigt man zum Trennen.
- Sieben Dinge verwendet man im Zusammenhang mit Lebensmitteln.
- Ein Ding soll langes Suchen nach Einzelteilen verhindern.

Die Tipps können zur Überprüfung bereits gefundener Lösungen dienen oder mit Hilfe des Ausschlussprinzips den Fokus für Gadgets verengen, deren Verwendungszweck noch ungeklärt ist.

Technikbox „Kleine Alltagshelfer“ (Einstieg)

Abbildung 43: Mögliche Gadgets für die Produktanalyse

2. Sequenz: Einführung der Systemanalyse mit Hilfe eines Kugelschreibers

Kugelschreiber sind ein gutes Beispiel für Alltagsgegenstände, die häufig unbeachtet bleiben, obwohl sie über ein faszinierendes technisches System verfügen. Wegen der Vielzahl an Ausführungen bietet es sich an, Kugelschreiber unter verschiedenen Gesichtspunkten miteinander zu vergleichen. Dabei können Fragen zur Materialauswahl (Warum Kunststoff oder Metall?), zur Funktionsweise (Funktionieren alle gleich? Warum braucht es so ein aufwändiges System?), zur Herstellung oder zum Preis den Vergleich leiten. Da sich Kugelschreiber sehr einfach de- und remontieren lassen, sind sie gut geeignet, um die technische Systemanalyse einzuführen. Dazu werden die einzelnen Handlungsschritte (Abbildung 45) erarbeitet, verdeutlicht und exemplarisch ausgeführt.

Um die Funktionsweise verstehen zu können, müssen die Kugelschreiben demontiert und die Einzelteile beschriftet werden (Abbildung 44). Auf der Grundlage dieses Plakats fertigen die Kinder von jedem Teil eine Sachzeichnung an. Das strukturiert die Wahrnehmung und lenkt den Blick auf Details, die zum Verstehen der Funktionsweise bedeutsam sind. Zur Festigung des Fachvokabulars werden auch die Sachzeichnungen beschriftet und die Fachbegriffe als Wortspeicher sichtbar im Klassenraum angebracht, damit sie für weitere Fachgespräche verfügbar sind.

Abbildung 44: Beispiel für ein Plakat mit den Einzelteilen eines Kugelschreibers

Plan für kluge Köpfe

Auswahl des Gegenstandes:
Was mache ich damit? ☐

Material und Form | Preis | Geschichte | Funktionsweise | Nutzung | Aussehen

Ziele der Erkundung:
Was möchte ich herausfinden? ☐

Auseinanderbauen und erkunden:
Welche Funktion haben die Teile? ☐

Zusammenbauen und verstehen:
Wie funktioniert es? ☐

Bewertung:
Wie finde ich den Gegenstand?
Wie gefällt er mir? ☐

Präsentation:
Das habe ich herausgefunden. ☐

Abbildung 45: Arbeitsblatt zum strukturierten und planvollen Vorgehen beim Entdecken

Da die Funktionsweise eines Kugelschreibers technisch recht anspruchsvoll ist, kann die Arbeit mit einem Modell dazu beitragen, die Zusammenhänge zu veranschaulichen. Im Modell wird der Kugelschreiber auf seine wesentliche Teile reduziert und deutlich vergrößert dargestellt. Im Sinne der Erweiterung der Modellkompetenz sollten die eigenen, am besten durchsichtigen, Kugelschreiber zusammen mit den Sachzeichnungen Ausgangspunkte für den Vergleich des Modells mit dem Realobjekt sein (vgl. Lange & Spreckelsen 2015, 489f.). Die Kinder verstehen auf diese Weise, dass es sich bei dem Modell um ein vereinfachtes Abbild handelt, das ein komplexes System leichter zugänglich machen soll. Das Kugelschreibermodell (Abbildung 46) dient in erster Linie der Veranschaulichung der Funktionen der Zacken in den Vorschub- und Druckhülsen (im oberen Teil des Griffrohrs). Mit einfachen Materialien und etwas Geschick kann sich die Lehrkraft ein solches Modell für den Unterricht selbst herstellen. Um das Realsystem richtig verstehen zu können, ist es zwingend erforderlich, die Funktionen der nicht im Modell enthaltenen Bauteile zu besprechen (hier v.a. die Druckfedern)[4]. Als Ergänzung zur Arbeit mit dem Modell kann ein Sachfilm z.B. der Sendung mit der Maus[5] gesehen werden. Wichtig ist, dass die Kinder in Präsentationsphasen immer wieder in ihren eigenen Worten erklären (z.B. den Eltern, Geschwistern, Mitschülern...), wie der Mechanismus funktioniert und welche Teile hierbei von besonderer Bedeutung sind.

Im letzten Teil der technischen Systemanalyse präsentieren die Kinder ihre Erkenntnisse und bewerten den Kugelschreiber abschließend. Neben der Bewertung des technischen Systems können je nach Analyseschwerpunkten auch persönliche Bezüge zum Kugelschreiber, philosophische Betrachtungen oder die zeitliche Entwicklung der Kugelschreiber einfließen:

- Wenn ich keinen Kugelschreiber hätte, müsste ich ...
- So funktioniert mein Kugelschreiber.
- Kugelschreiber gibt es auch noch in dieser Ausführung.
- Der Kugelschreiber funktioniert ähnlich wie ...
- So sahen Kugelschreiber früher aus.
- So wird ein Kugelschreiber in 10 Jahren aussehen.

---

[4] Eine geeignete Erklärung für Lehrkräfte zur Funktionsweise eines Kugelschreibers findet sich unter: https://www.lehrerfreund.de/technik/1s/kugelschreiber/3078.

[5] https://www.wdrmaus.de/filme/sachgeschichten/kugelschreiber.php5

Bauanleitung für ein Kugelschreiber-Modell

Material:

- eine Papprolle, ca. 25 cm lang (z.B. von Küchenrolle)
- Zeitungspapier
- ein weißes Papier, A4
- etwas Pappe (z.B. Rückwand eines Zeichenblocks)
- eine Folie Laminierfolie, A4, und Laminiergerät
- vier Holzspieße, ca. 11cm lag
- Kleber: Bastelkleber, doppelseitiges Klebeband, Heißkleber

So wird das Modell gebaut:

1. Die Papprolle wird mit zerknülltem Zeitungspapier ausgestopft, damit sie an Stabilität gewinnt.
2. Aus einem weißen Blatt Papier wird ein so großes Stück geschnitten, dass es genau um die Papprolle passt. Da nicht jede Rolle gleich ist, müssen die Maße ggf. angepasst werden.
3. Nun wird 4 cm vom unteren Rand des Blattes entfernt eine Linie gezogen.
4. Nachdem die 4 Zackenplättchen aus Pappe geschnitten wurden, werden sie gleichmäßig auf der Linie angeordnet und gut festgeklebt. Die Ränder und Ecken sollten sich nicht lösen und die Lücken sollten nicht schmaler als 0,7cm sein. Sollte die Papprolle einen kleineren Umfang haben, können die Zackenplättchen schmaler geschnitten werden.

5. Wenn der Kleber gut getrocknet ist, wird das Blatt Papier mit den Zackenplättchen auf die Papprolle geklebt (z.B. mit doppelseitigem Klebeband).

Der erste Teil des Modells, das Innere des Kugelschreibers, ist nun fertig.

Abbildung 46: Bauanleitung für ein Kugelschreibermodell (für die Lehrkraft)

Für den äußeren Teil:

1. Die Laminierfolie wird durch das Laminiergerät geschoben, so dass eine durchsichtige, stabile Folie entsteht.
2. Damit später oben ein „Druckknopf" frei bleibt, sollte die Folie etwa um 4 cm kürzer sein als die Papprolle. Sie muss in der Breite so gekürzt werden, dass sie später um die Papprolle gelegt und zusammengeklebt werden kann.
3. 6 cm vom unteren Rand entfernt werden nun die Holzspieße mit Heißkleber aufgeklebt. Da sie später genau in die Lücken des Innenteils passen müssen, ist es am einfachsten, die Folie außen um die Papprolle zu legen (so dass sich das Innenteil so gerade noch problemlos drehen lässt) und die Lücken mit einem wasserfesten Stift auf die Folie zu zeichnen.
4. Zum Schluss wird die Folie nun mit den Holzstäben nach Innen um die Papprolle geklebt (am besten mit breitem, durchsichtigem Klebeband).

Fertig ist das Kugelschreiber-Modell.

Mine draußen

Mine innen

(Forts. Abbildung 46)

3. + 4. Sequenz: Festigung der Systemanalyse mit Hilfe kleiner Alltagshelfer, Planung und Organisation einer Ausstellung

Die Auswahl geeigneter Alltagshelfer bedarf mitunter der Beratung durch die Lehrkraft. Es muss klar besprochen sein, dass die Alltagshelfer die in Kapitel 0 aufgeführten Kriterien erfüllen müssen. Darüber hinaus kann die Lehrkraft eher einschätzen, ob das Anspruchsniveau der Aufgabe individuell passend ist oder angepasst werden sollte. Geeignete Alltagshelfer könnten sein: Tretmülleimer, Kordelstopper, selbstfärbender Stempel, Wäscheklammer, mechanischer Dosenöffner, Salatschleuder u.v.m. Nachdem sich die Kinder auf einen Gegenstand festgelegt haben, analysieren sie ihn und entdecken noch mehr Besonderheiten. Zusätzliche Arbeitsbögen sind in dieser Phase des Unterrichts nicht notwendig. Weiße Blätter Papier zur Anfertigung der Sachzeichnungen und zur Dokumentation des Analyseprozesses reichen vollkommen aus.

Die Phase der Präsentation der Ergebnisse ist für alle Kinder besonders spannend. Die Faszination eines anderen kann ansteckend wirken und den Blick auf einen Gegenstand komplett verändern. Darüber hinaus wird es Kinder geben, die gleiche Gegenstände gewählt haben, diese aber nach unterschiedlichen Kriterien analysiert haben. Auch das kann die Perspektive auf den Gegenstand erweitern und ist mit Blick auf die Planung der Ausstellung relevant. Es bietet sich an, dann Kinder mit gleichen Gegenständen zu einer Gruppe zusammenzufassen, um alle gewonnenen Erkenntnisse zu bündeln und für die Besucher der Ausstellung zugänglich zu machen. Wie die Ausstellung im Einzelnen umgesetzt wird, hängt von den Ideen und der Kreativität der jeweiligen Lerngruppe ab. Plakate an den Exponaten können genauso angemessen sein wie Aufgaben, die zum Hinterfragen und zum Austausch mit anderen anregen (Welchen Helfer hättest du auch gern? Welcher Helfer hat sich in den letzten 100 Jahren am stärksten/ am wenigsten verändert? Welchen Helfer würdest du zweckentfremden? Welcher Helfer gefällt dir am besten und warum?). Die Lerngruppe sollte gemeinsam überlegen und diskutieren, was ihnen wichtig ist, was machbar ist und was am besten zur Schule und zum Standort der Ausstellung passt. Nachdem die Kernkriterien festgelegt werden konnten, kann jede Gruppe oder jedes Kind das eigene Exponat inszenieren.

4 Ausblick: Lehrerprofessionalisierung

Das Wesen und der Charakter von Technik entfalten sich in der Kreativität von Menschen, die technische Sachsysteme erschaffen, um ihre Bedürfnisse zu befriedigen und damit ihre Lebenssituation zu verbessern. Innerhalb dieses Prozesses stoßen Menschen immer wieder an Grenzen, die sie zu Kompromissen zwischen Gewünschtem und Machbarem zwingen (vgl. Mammes & Zolg 2015, 144). Dieser zentrale Zusammenhang zwischen Menschen und Technik wird in der Triade aus Bedürfnis-Handeln-Artefakt (vgl. Graube & Mammes 2013) zusammenfasst und in den Dimensionen und Erkenntnisperspektiven der Technik (vgl. Ropohl 2009) präzisiert. Jede technische Entwicklung braucht Menschen, die sie hervorbringen: Erfinder mit einer starken inneren Motivation, neue Ideen selbstbewusst zu entwickeln und umzusetzen. Gleichzeitig ist technischer Fortschritt auch gekennzeichnet durch Zufallsentdeckungen, bei denen in vollkommen unerwarteten Kontexten Erkenntnisse für andere Bereich gewonnen werden können.

Nimmt man diese Charakteristika der Technik als Grundlage für technikorientierten Sachunterricht, so stellt sich die Frage nach den professionellen Kompetenzen, die Sachunterrichtslehrkräfte für die Anregung und Begleitung technikorientierter Lernprozesse benötigen. Vor allem die eigenen technikbezogenen Einstellungen und Überzeugungen einer Lehrkraft beeinflussen den Unterricht (vgl. Haus der kleinen Forscher 2015, 320). Auf der Ebene der Unterrichtsplanung und Reflexion zählen hierzu die Fähigkeit zur Selbstreflexion, zur Kooperation, zur stetigen Weiterentwicklung der eigenen Professionalität sowie eine hohe Fortbildungsbereitschaft seitens der Lehrkräfte. Lehrkräfte haben vor allem im Bereich der Interessensförderung eine wichtige Vorbildfunktion. So sind es auf der Ebene des LehrerInnenhandelns auch die eigenen Interessen, das eigene Kompetenzerleben und der eigene Enthusiasmus in Bezug auf technische Frage- und Problemstellungen, die unterschwellig im Unterricht transportiert werden (vgl. Greinstetter, Lindner & Neureiter 2018, 180). Selbstreflexionskompetenzen sind im Zusammenhang mit technikorientierten Sachunterricht von besonderer Bedeutung. Diese kritisch-konstruktive Haltung wird maßgeblich durch die eigene Fachidentität, die eigene Haltung zum Beruf, beeinflusst. Nur wenn Sachunterrichtslehrkräfte a) ein wirkliches Interesse daran haben, gemeinsam mit Kindern ihrer Lerngruppe Fragen zu klären, Probleme zu lösen und Zusammenhänge zu verstehen und b) den Anspruch haben, sich selbst weiterentwickeln zu wollen, werden Reflexionsprozesse, Fortbildung und stetiger Austausch über Unterricht sie in ihrer Profession voranbringen. Dies drückt sich auch in der eigenen Begeisterung für das Fach und das eigene Sachlernen aus (vgl. Menger *in Druck*).

Technikorientierter Sachunterricht braucht in besonderer Weise Lehrkräfte, die begeisterungsfähig sind und den Mut haben, gemeinsam mit KollegInnen noch unbekannte Wege zu gehen. Das Vertrauen auf die eigenen professionellen Kompetenzen und die unterrichtspraktischen Erfahrungen sind hierfür die wichtigste Voraussetzung. Sie ermöglichen die Selbstreflexion, -evaluation und den reflexiven Austausch, wodurch sich das pädagogische und fachliche Wissen und Handeln weiterentwickeln kann.

Die beiden vorgestellten Unterrichtsideen sind als Angebot zu verstehen, diese professionellen Prozesse anzustoßen oder weiterzuentwickeln, kreativ mit den skizzierten Vorschlägen umzugehen und neue Ideen in die Zusammenarbeit mit KollegInnen einzubringen. Erfinden und Entdecken als kreative und analytische Handlungsfelder können so auch im übertragenen Sinne wichtige Elemente der eigenen Unterrichtsplanung, -umsetzung und -reflexion sein. Die Arbeitsmaterialien, Fotos, Kinderzeichnungen und Umsetzungsideen machen hoffentlich Lust darauf, verschiedene Zugänge zu technischen Fragestellungen und Inhalten auszuprobieren, um so neue Erfahrungen in dieser vielseitigen Perspektive sammeln zu können.

Literatur

Acatech & Körber Stiftung (Hrsg.) (2020). *TechnikRadar 2020. Was die Deutschen über Technik denken*. Langenhagen: Gutenberg Beuys.

Acatech & VDI (2009) (Hrsg.). *Nachwuchsbarometer Technikwissenschaften.* Wuppertal: Ley + Wiegandt.

Adenstedt, V. (2018). How boys' and girls' technical interest differs: A research study. In M. J. de Vries et al. (Hrsg.), *Research in Technology Education. International Approaches* (S. 21-43). Münster: Waxmann.

Banse, G. (2013). Technikwissenschaften – Eine Einheit von Erkennen und Gestalten. *Humanities and Social Sciences*, vol. XVIII, 20, S. 9-27.

Becher, A., Miller, S., Oldenburg, I., Pech, D. & Schomaker, C. (2013). *Kommunikativer Sachunterricht. Facetten einer Entwicklung.* Baltmannsweiler: Schneider.

Beinbrech, C. (2019). Technisches Lehren und Lernen. In A. Hartinger & K. Lange-Schubert (Hrsg.), *Sachunterricht. Didaktik für die Grundschule* (S. 122-138). Berlin: Cornelsen.

Beinbrech, C. (2015). Problemorientierter Sachunterricht. In J. Kahlert et al. (Hrsg.), *Handbuch Didaktik des Sachunterrichts* (S. 398-403). Bad Heilbrunn: Klinkhardt.

Beinbrech, C. (2003). *Problemlösen im Sachunterricht der Grundschule*. Universität Münster. https://repositorium.uni-muenster.de/document/miami/856ce5aa-c883-4ab4-905e-9c4a2a146705/Diss_Beinbrech.pdf (Zugriff: 14.02.20)

Binder, M. (2020). *Wie wäre es, technisch gebildet zu sein? Technische Bildung im Kontext Allgemeiner Bildung.* Baltmannsweiler: Schneider.

Blaseio, B. (2019). *Sammeln*. Bern: hep.

Blümer, H. (2019). Die technische Bildung im Sachunterricht an deutschen Grundschulen. In A. Koch, S. Kruse & P. Labudde (Hrsg.). *Zur Bedeutung der Technischen Bildung in Fächerverbünden. Multiperspektivische und interdisziplinäre Beiträge aus Europa* (S. 1-13). Wiesbaden: Springer.

Blümer, H. (2015). Technisches Lernen für alle. *Grundschulmagazin,* 4, S. 8-12.

Blumensath, U. & Wenzel, M. (2016). Sachgeschichten mit dem Kamishibai erzählen. In Landesinstitut für Schule und Medien Berlin-Brandenburg (LISUM) (Hrsg.), *Lernarrangements für den Sachunterricht. Teil I* (S. 45-49). Potsdam: Gieselmann.

Crämer, C. (2017). Leseunterricht motivierend gestalten. Die lernfördernde Wirkung des Vorlesens und von leseleichten Texten. *Fördermagazin Grundschule, 2,* S. 5-7.

Eikmeyer, B. & Tenberge, C. (2012). „Mein Fahrzeug fährt am besten!" Kinder erfinden technische Lösungen beim Bau von vierrädrigen Fahrzeugen. *Grundschule Sachunterricht*, 54, S. 18-23.

Einsiedler, W. (2015). Methoden und Prinzipien des Sachunterrichts. In J. Kahlert et al. (Hrsg.), *Handbuch Didaktik des Sachunterrichts* (S. 383-392). Bad Heilbrunn: Klinkhardt.

Elschenbroich, E. (2010). *Die Dinge. Expedition zu den Gegenständen des täglichen Lebens.* München: Antje Kunstmann.

Endepohls-Ulpe, M. (2011). Grundschule: Geschlechtsrollenentwicklung und Technikerziehung in der Primarstufe – Risiken und Chancen. In C. Ruffer & B. Schwarze (Hrsg.), *Technikbildung verbessern – von Anfang an Ausgewählte Forschungsergebnisse des europäischen Projekts UPDATE* (S. 35-57). Bielefeld: Kompetenzzentrum Technik – Diversity – Chancengleichheit.

Fink, M. (2015). *Bau dich schlau! Konstruierend und spielend die Welt erschließen.* Weimar: verlag das netz.

Finkbeiner, T. & Greinstetter, R. (2018). Die zwei Unterrichtsmodelle der Studie. In R. Greinstetter, M. Fast & A. Bramberger (Hrsg.), *Technische Bildung im fächerverbindenden Unterricht der Primarstufe* (S. 38-49). Baltmannsweiler: Schneider.

Fischer, H.-J. & Wittkowske, S. (2014). Sammeln – Ordnen – Unterscheiden. Auseinandersetzung mit der eigenen Wirklichkeit. *Grundschulunterricht Sachunterricht*, 3, S. 4-8.

Gesellschaft für Didaktik des Sachunterrichts (Hrsg.) (2013). *Perspektivrahmen Sachunterricht*. Bad Heilbrunn: Klinkhardt.

Gujons, H. (2011). *Frontalunterricht - neu entdeckt: Integration in offene Unterrichtsformen.* Bad Heilbrunn: Klinkhardt.

Graube, G. (2016a). Zum Wesen von Wissenschaft und Technik im 21. Jahrhundert. In G. Graube & I. Mammes (Hrsg.), *Gesellschaft im Wandel. Konsequenzen für natur- und technikwissenschaftliche Bildung in der Schule* (S. 72-98). Bad Heilbrunn: Klinkhardt.

Graube, G. (2016b). Zum Verhältnis von Bildung und Technikbildung. In G. Graube & I. Mammes (Hrsg.), *Gesellschaft im Wandel. Konsequenzen für natur- und technikwissenschaftliche Bildung in der Schule* (S. 100-113). Bad Heilbrunn: Klinkhardt.

Graube, G. & Mammes, I. (2016). Forschen und entwickeln als integrativer Lernbereich der Allgemeinbildung – eine Bildungsoffensive. In dies. (Hrsg.), *Gesellschaft im Wandel. Konsequenzen für natur- und technikwissenschaftliche Bildung in der Schule* (S. 209-225). Bad Heilbrunn: Klinkhardt.

Graube, G. (2013). Erfinden, Entdecken, Enttarnen: Didaktische Leitfragen für die Auseinandersetzung mit Basiskonzepten in der Technik. In I. Mammes (Hrsg.), *Technisches Lernen im Sachunterricht. Nationale und internationale Perspektiven* (S. 22-44). Baltmannsweiler: Schneider.

Greinstetter, R., Lindner, D. & Neureiter, H. (2018). Sicht der Beteiligten auf technikbezogenen Unterricht. In R. Greinstetter, M. Fast & A. Bramberger (Hrsg.), *Technische Bildung im fächerverbindenden Unterricht der Primarstufe. Forschung – Technik – Geschlecht* (S. 163-193). Baltmannsweiler: Schneider.

Grittner, F. (2015). Leistungen ermitteln und bewerten. In J. Kahlert et al. (Hrsg.), *Handbuch Didaktik des Sachunterrichts* (S. 516-524). Bad Heilbrunn: Klinkhardt.

Grunwald, A. (2016). Gesellschaftliche Folgen des technischen Fortschritts: Anlass für interdisziplinäre Erforschung und Gestaltung. In G. Graube & I. Mammes (Hrsg.), *Gesellschaft im Wandel. Konsequenzen für natur- und technikwissenschaftliche Bildung in der Schule* (S. 24-37). Bad Heilbrunn: Klinkhardt.

Hartinger, A. & Lange-Schubert, K. (Hrsg.) (2019). Sachunterricht. Didaktik für die Grundschule. Berlin: Cornelsen.

Haus der kleinen Forscher (2015). Fazit und Ausblick – Wie die Stiftung „Haus der kleinen Forscher" mit den Erkenntnissen umgeht. In G. Graube et al. (Hrsg.), *Wissenschaftliche Untersuchungen zur Arbeit der Stiftung „Haus der kleinen Forscher"* (S. 305-323). Schaffhausen: Schubi.

Helmke, A. (2017). *Unterrichtsqualität und Lehrerprofessionalität. Diagnose, Evaluation und Verbesserung des Unterrichts*. Seelze: Friedrich.

Hüttner, A. (2009). *Technik unterrichten.* Haan-Gruiten: Europa-Lehrmittel.

International Technology and Engineering Education Association (Ed.) (2007). *Standards for Technological Literacy: Content for the study of Technology.* Virginia (US). Abrufbar unter: http://www.iteea.org/TAA/PDFs/xstnd.pdf (letzter Zugriff: 16.08.2020)

Jenewein, K. & Pahl, J.-P. (2016). Analyse technischer Systeme. *Lehren & lernen*, 4, S. 139-143.

Jerentin-Kopf, M., Kosack, W. & Wiesmüller, C. (2015). Technikdidaktische Medien – Einfluss verschiedener technikdidaktischer Medien auf die kindliche Motivation, problemlösendes Denken und technische Kreativität. In G. Graube et al. (Hrsg.), *Wissenschaftliche Untersuchungen zur Arbeit der Stiftung „Haus der kleinen Forscher"* (S. 158- 248). Schaffhausen: Schubi.

Jerentin-Kopf, M. & Kosack, W. (2013). Tüfteln: Diszipliniertes Experimentieren und kreatives Erfinden im Technikunterricht der Grundschule. In I. Mammes (Hrsg.), *Technisches Lernen im Sachunterricht. Nationale und internationale Perspektiven* (S. 45-54). Baltmannsweiler: Schneider.

Kahlert, J. (2016). *Der Sachunterricht und seine Didaktik*. Bad Heilbrunn: Klinkhardt.

Kahlert, J. et al. (Hrsg.) (2015). *Handbuch Didaktik des Sachunterrichts*. Bad Heilbrunn: Klinkhardt.

Kahlert, J. (2005). Story Telling im Sachunterricht – Lernpotenziale von Geschichten. In G. Reinmann (Hrsg.), *Erfahrungswissen erzählbar machen. Narrative Ansätze für Wirtschaft und Schule* (S. 207-222). Lengerich: Pabst.

Kahlert, J. & Inckemann, E. (2001). Wissen, Können und Verstehen. Von der Herstellung ihrer Zusammenhänge im Sachunterricht. In Dies. (Hrsg.), *Wissen, Können und Verstehen – über die Herstellung ihrer Zusammenhänge im Sachunterricht* (S. 7-24). Bad Heilbrunn: Klinkhardt.

Kaiser, A. (2017). *Neue Einführung in die Didaktik des Sachunterrichts*. Baltmannsweiler: Schneider.

Kaiser, A. (2008). Sachunterrichtserzählungen – eine alte Methode für heutigen Sachunterricht? In A. Kaiser & D. Pech (Hrsg.), *Unterrichtsplanung und Methoden*. Baltmannsweiler: Schneider.

Kaiser, A. (1997a). Vorwort: Sachunterrichtserzählungen für heutige Kinder? In dies. (Hrsg.). *Geschichten für den Sachunterricht* (S. 9-15). Essen: Neue Deutsche Schule.

Kaiser, A. (1997b). Kommunikativer Sachunterricht. In D. Spindler (Hrsg.), *Schule ... und sie bewegt sich doch. Dokumentation der Ostfriesischen Hochschultage der GEW 1996* (S. 179-190). Oldenburg: BIS.

Kleickmann, T. (2012). Kognitiv aktivieren und inhaltlich strukturieren im naturwissenschaftlichen Sachunterricht. Kiel: IPN. Abrufbar unter: http://www.sinus-an-grundschulen.de/fileadmin/uploads/Material_aus_SGS/Handreichung_Kleickmann.pdf (letzter Zugriff: 17.10.20)

Köhnlein, W. (2001). Was heißt und wie kann „Verstehen lehren" geschehen. In J. Kahlert & E. Inckemann (Hrsg.), *Wissen, Können und Verstehen – über die Herstellung ihrer Zusammenhänge im Sachunterricht* (S. 55-69). Bad Heilbrunn: Klinkhardt.

Kosack, W., Jerentin-Kopf, M. & Wiesmüller, C. (2015). Zieldimensionen technischer Bildung im Elementar- und Primarbereich. In G. Graube et al. (Hrsg.), *Wissenschaftliche Untersuchungen zur Arbeit der Stiftung „Haus der kleinen Forscher“* (S. 30-157). Schaffhausen: Schubi.

Kosack, W., Wiesmüller, C. & Jerentin-Kopf, M. (2015). Zusammenfassende Empfehlungen für die künftige Arbeit der Stiftung „Haus der kleinen Forscher“. In G. Graube et al. (Hrsg.), *Wissenschaftliche Untersuchungen zur Arbeit der Stiftung „Haus der kleinen Forscher“* (S. 287-289). Schaffhausen: Schubi.

Lange, K. & Spreckelsen, K. (2015). Modelle. In J. Kahlert et al. (Hrsg.), *Handbuch Didaktik des Sachunterrichts* (S. 485-490). Bad Heilbrunn: Klinkhardt.

Lemmen, K. & Eikmeyer, B. (2018). Eine Murmelbahn – ganz aus Papier. *Grundschule Sachunterricht, 78*, S. 20-26.

Lück, G. (2018). *Handbuch naturwissenschaftliche Bildung in der Kita*. Freiburg u.a.: Herder.

Lück, G. (2007). *Forschen mit Fred. Naturwissenschaften im Kindergarten*. Oberursel: Finken.

Lück, G. (2006). Animismen und Storytelling – Nicht nur unterhaltsames Beiwerk bei der Vermittlung naturwissenschaftlicher Inhalte und Deutungen. In dies. & H. Köster (Hrsg.), *Physik und Chemie in der Grundschule* (S. 15-26). Bad Heilbrunn und Braunschweig: Klinkhardt und Westermann.

Luysberg, A. (2019). Konstruktion von Räderfahrzeugen. Entdeckendes Lernen im Anfangsunterricht. *Weltwissen Sachunterricht*, 1, S. 8-15.

Mammes, I. & Graube, G. (2017). Forschen und entwickeln mit Kindern. *Grundschulunterricht Sachunterricht, 1*, S. 20-26.

Mammes, I. & Tuncsoy, M. (2013). Technische Bildung in der Grundschule. In I. Mammes (Hrsg.), *Technisches Lernen im Sachunterricht* (S. 8-21). Baltmannsweiler: Schneider.

Mammes, I. (2001). *Förderung des Interesses an Technik durch technischen Sachunterricht. Eine Untersuchung zum Einfluss technischen Sachunterrichts auf die Verringerung von Geschlechterdifferenzen im technischen Interesse.* Frankfurt a. M.: Peter Lang.

Menger, J. (in Druck). Lernwirksamer Sachunterricht kann nicht von der Lehrkraft am Schreibtisch geplant werden. In T. Billion-Kramer (Hrsg.). *Lernwirksamer Sachunterricht.* Baltmannsweiler: Schneider.

Menger, J. (2020). Forschendes Lernen im Praxissemester aus sachunterrichtlicher Perspektive. In J. Winkel et al. (Hrsg.), *Forschendes Lernen im Praxissemester an der Europa-Universität Flensburg. Erfahrungen – Empfehlungen – Perspektiven* (S. 135-152). Flensburg: University Press.

Menger, J. (2015). Gewusst wie! Transport mit Hebel, Rollen und Stange. *Grundschule Sachunterricht, 65,* S. 15-21.

Michalik, K. (2013). Scheibenwischer und Kaffeefilter. Erfindungen verändern das Alltagsleben. *Weltwissen Sachunterricht*, 3, S. 19-23.

Möller, K. (Hrsg.) (2017). *Holz erleben – Technik verstehen. Praktische Unterrichtsideen und Materialien für die Grundschule.* Seelze: Kallmeyer.

Nießeler, A. (2015). Lebenswelt/ Heimat als didaktische Kategorie. In J. Kahlert et al. (Hrsg.), *Handbuch Didaktik des Sachunterrichts* (S. 27-31). Bad Heilbrunn: Klinkhardt.

Pahl, M-S. (2016). Produktanalyse. *Lehren & lernen,* 4, S. 156-158.

Peters, Amelie (2019). Auf den Spuren großer Abenteurer. Kinder halten Kamishibai-Vorträge über Polarfoscher/-innen. *Grundschulunterricht Sachunterricht, 4*, S. 38-45.

Pfenning, U. & Renn, O. (2016). MINT oder MINimum? – Technikbildung als notwendiges Element einer MINT-Bildung. In G. Graube & I. Mammes (Hrsg.), *Gesellschaft im Wandel. Konsequenzen für natur- und technikwissenschaftliche Bildung in der Schule* (S. 114-139). Bad Heilbrunn: Klinkhardt.

Reeken, D. v. (2017). Methoden im Sachunterricht. In Ders. (Hrsg.), *Handbuch Methoden im Sachunterricht* (S. 9-17). Baltmannsweiler: Schneider.

Reinmann, G. & Mandl, H. (2006). Unterrichten und Lernumgebungen gestalten. In A. Krapp & B. Weidenmann (Hrsg.), *Pädagogische Psychologie* (S. 613-658). Weinheim: Beltz.

Richter, D. (2009). *Sachunterricht – Ziele und Inhalte. Ein Lehr- und Studienbuch zur Didaktik.* Baltmannsweiler: Schneider.

Richter, K. (2010). Lesemotivation und Lesekompetenz. Literatur zum Erlebnis werden lassen. *Grundschulunterricht Deutsch, 1,* S. 28-32.

Ropohl, G. (2009). *Allgemeine Technologie. Eine Systemtheorie der Technik.* Karlsruhe: Universitätsverlag.

Schekatz-Schopmeier, S. (2010). *Storytelling – eine narrative Methode zur Vermittlung naturwissenschaftlicher Inhalte im Sachunterricht der Grundschule*. Göttingen: Cuvillier.

Schomaker, C. (2018a). Das große Rennen. Kinder greifen aktuelle Frage aus der Forschung auf. *Grundschule Sachunterricht, 78,* S. 27-33.

Schomaker, C. (2018b). Kinder finden Sachen. Die Sache im Sachunterricht zum Thema machen. *Grundschule Sachunterricht, 79,* S. 2-4.

Schomaker, C. (2012). Storytelling als methodischer Weg im Sachunterricht. *Grundschule Sachunterricht, 56*, S. 34-35.

Schmiedebach, M., Wiese, I. & Wegner, C. (2018). Kinder bauen und konstruieren Fahrzeuge. In *Grundschulunterricht Sachunterricht, 4*, S. 4-7.

Seitz, S. (2013). Kommunikativer Sachunterricht in inklusiven Grundschulen: Kinder machen gemeinsame Sache. In A. Becher et al. (Hrsg.), *Kommunikativer Sachunterricht. Facetten der Entwicklung* (S. 205-212). Baltmannsweiler: Schneider.

Tielmann, C. & Parciak, M. (2020). *Das Abenteuer-Forschercamp.* Hamburg: Carlsen.

Wilkening, F. (1982). *Unterrichtsverfahren im Lernbereich Arbeit und Technik.* Villingen-Schwenningen: Neckar-Verlag.

Zolg, M. & Mammes, I. (2015). Technische Aspekte. In J. Kahlert et al. (Hrsg.), *Handbuch Didaktik des Sachunterrichts* (S. 143-149). Bad Heilbrunn: Klinkhardt.